女人定位要趁早

這些人生規劃等妳三十歲以後才做太晚了！

廖唯真——著

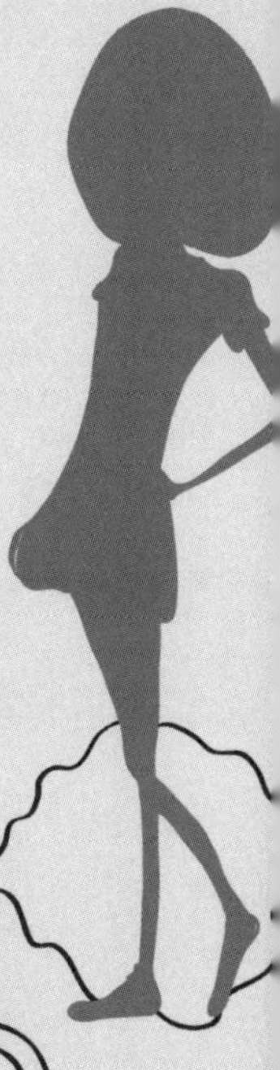

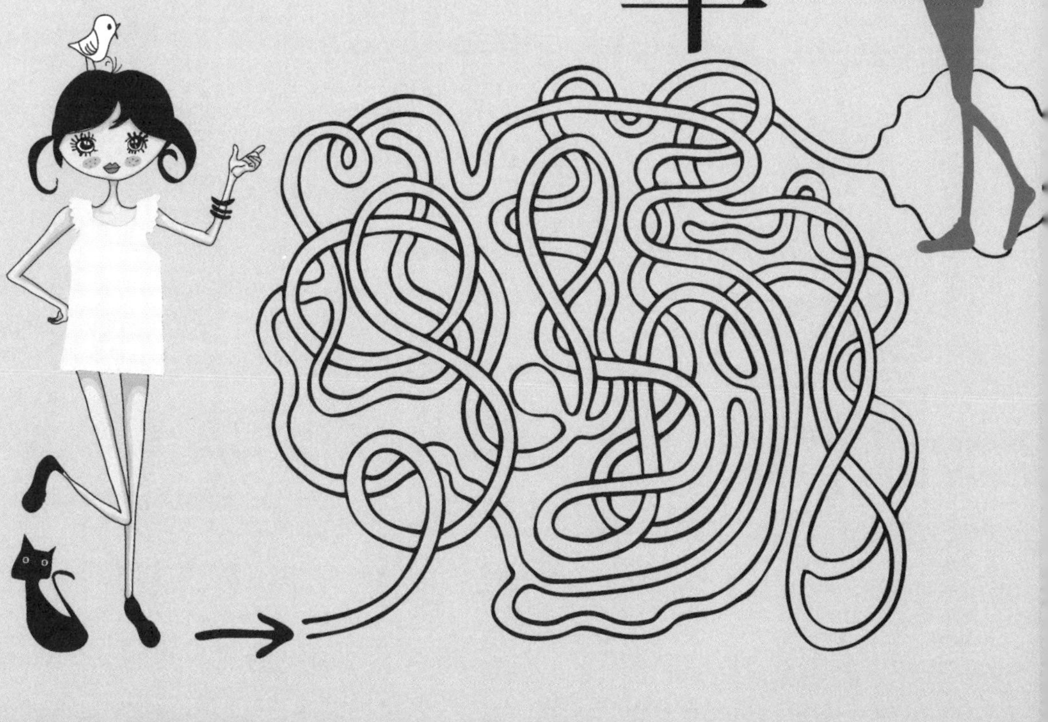

編輯序

最幸福的女人，最完美的女人，最多金的女人，最成功的女人，最有魅力的女人，誰不想自己是以上那些女人？

但是要想抵達這樣的人生至境，妳需要靠什麼？靠家庭、靠美貌還是靠男人？

ＮＯ！都不是，妳需要的是「定位」！

定位越早，定位越準，妳的人生就越精彩。

翻開這本書，妳會看到女人最炫目的活法，最貼心的叮嚀，最精準的建議，以及最有效的方案。

定位要趁早，幸福早來到。

越早找到自己的人生座標，就能越早打開美好生活的奇妙盒子，品嚐到滋味最美的巧克力糖果！

自序：女人早定位，生活好滋味

「明天就像是盒子裡的巧克力糖，什麼滋味？充滿想像……」年輕時聽到這樣的歌詞，總是對「明天」生出無窮無盡的期待。

然而，隨著年齡的增長，妳會發現，未來的生活不一定都是甜蜜的「巧克力糖」，等待妳的可能是意想不到的挫折和煩惱。真應了那句話：「為什麼蘋果和擁抱都可能是毒藥，為什麼英勇的騎士會比龍還危險……」

當妳灰心喪氣地責問「幸福在哪裡」的時候，不妨拿起這本書翻閱。經由本書，我想和姐妹們分享一個重要的心得：想讓生活如巧克力般好滋味，一定要早定位、定好位。

二十幾歲，正是大多數女孩剛剛走出校門的時候，這時的她們閱歷不足，幻想多、方法少，很容易吃虧走彎路。其實，人生是可以走直線的，妳可以用最短的時間過上自己想要的生活。

當妳問自己：「我到底想要什麼樣的生活呢？」就表示妳已經邁出了為自己定位的第一步。弄清楚自己想要什麼，接下來就要為自己鋪路，努力實踐。不管妳是要成為俏麗可人的小美女，還是當個精明幹練的職場麗人，都要找到一條對應的通道，順利達到那個目標。

直到現在，我還清晰地記得自己剛步入社會時的狼狽相。那時的我不僅是職場「菜鳥」，還是人際關係的「低能兒」，沒有目標，不懂得規劃，四處碰壁。在跨入三十歲門檻時回頭總結才發現：女人定位要越早越好，有些人生規劃等妳三十歲以後才做，實在是太晚了！

女人定位，主要包括三個方面：我是誰？我要成為誰？我該怎麼做？這些都需要妳認真思考，理性規劃，最後落實到「怎麼做」上面。

那麼，女人該如何「做」，才能讓自己定好位，有地位呢？

本書從女人的個性和人生選擇出發，對女人如何在社會上生存、如何規劃自己的人生、如何提升自己的魅力、如何完善自己的品質修養、如何成為職場上的焦點、如何建立適合自己的人脈圈子、如何成為快樂的「財女」、如何保持良好的心態以及如何獲得幸福，進行了深入淺出的剖析，所涉及的內容也涵蓋了人生規劃的各方面。

在提出實用、貼心的解決方案的同時，我衷心希望姐妹們：趁著年輕早做規劃。有些事，不抓住機會去做，當妳想做的時候，就再也沒有機會了。只有認真規劃人生，選擇最適合自己的活法，才能活出與眾不同的精彩。

美國著名的歌手Sophie Tucker曾說過：「女人從出生到十八歲，需要好的家庭；十八到三十五歲，需要好的容貌；三十五到五十五歲，需要好的個性；五十五歲以後，需要好多鈔票。」

這其中，除了「好的家庭」妳不能左右之外，其他都是可以實現的。只要妳清楚地瞭解自己，認真規劃，理性選擇，就能準確定位，成就完美的人生。

由於時間倉促，加之本人能力有限，書中難免有疏漏和欠妥之處，懇請讀者朋友們諒解與指正，以利於今後修訂時更臻完善。同時，也對本書出版付出過努力的朋友們表示真摯的感謝。

目錄

Chapter 1

確定方位｜我想要怎樣的生活？

二十歲之前，妳可以用很多的激情去對抗、去叛逆，
說出太多的「我不想」。可是到了二十歲，
妳就要面對鏡中的自己，認真問一句：「我想要怎樣的生活？」
因為青春除了用來享受和揮霍之外，還要用來思考和找路。
只有確定了自己的方位，才能在夢想的指引下，為下一個十年鋪路。

擦亮魔鏡，問清楚「我是誰」

女人，要有一面魔鏡，不光照亮臉龐、照出外觀，還要照透心靈，讓妳的過去和未來都清晰可見。

我是誰？我要什麼？我該怎麼做？神奇的魔鏡都會給妳一份清晰的答案。

好友F在巴黎留學兩年，回來後便馬不停蹄地找工作、租房子。當我們一班朋友忙著幫她購買床、衣櫃等「重要」家具時，她竟然先買給自己的是一面巨大的穿衣鏡。

我對她說：「妳腦子壞掉了嗎？浴室裡不是有面鏡子可以用嗎？」

她像沒聽見似的，撫摸著那面雕花大鏡子，癡癡地說：「妳看這鏡子多漂亮啊，照全身還很顯瘦喔！」

說完，倒退幾步擺了個芭蕾舞動作，鏡子裡面的F確實身段窈窕、風流嫵媚。

其他的朋友竊竊私語：「這女人，在巴黎待兩年，別的沒學會，只學會顧影自憐了。」

F在深度自戀中回過神來，對我們說：「我照的不是鏡子，是人生！難道妳們不知道，魔鏡之中大有乾坤？」

「喔？那妳說來聽聽？」我們好奇的問。

「在巴黎，一個女人的家中如果沒有一面照全身的穿衣鏡是令人無法想像的。一面穿衣鏡就是女人的一根魔法棒。這一頭是現實，那一頭是夢幻；這一頭是灰姑娘，那一頭是展翅高飛的白天鵝。」F一邊說，一邊揮舞著柔軟纖細的手臂做天鵝狀。

「對巴黎的女人來說，穿衣鏡幾乎就是一面『神鏡』，女人要從鏡子裡更眞切地發掘專屬於自己的美麗，認清眞實的人生。」

不知道是被F的理論「洗腦」，還是被她搔首弄姿的樣子打動，我們甚至有一點點動心，也想去買一面屬於自己的「魔鏡」。我甚至還反思自己：「是不是好久都沒有認認眞眞地審視自己了？」

雖然包包有鏡子，辦公室抽屜裡也有鏡子，但那不過是爲了臨時補妝方便，或者偶爾對鏡自戀一下。我們幾乎沒有機會在鏡子前認眞觀察自己，總是有理由「匆匆」走過：急著出門，匆匆洗個臉、畫個妝就走；趕著上班，匆匆把衣服往身上一套；課業壓力太大，沒心情認眞打扮自己、端詳自己……不知不覺，臉上有了斑，脖子上有了皺褶，腰上有了「游泳圈」，在鏡子裡面，我們再也找不到那個意氣風發、活力四射的自己了。

在F這面巨大的鏡子前，我感受到了一種震懾，似乎鏡子裡面眞的有一位魔女在問：「妳是誰？」

妳也許會這樣回答：我是臭美的小女生，有灰姑娘的夢想；我是野心勃勃的女王，渴望把全世界踩在高跟鞋下；我是大大咧咧的野丫頭，想要蛻變成溫婉新淑女……

身爲女人，要在房間裡擺一面大鏡子，每天起床後第一件事就是站在它的面前來修正自己。

鏡子不說謊，鏡子很公平。

妳對它微笑，它就還妳微笑；妳對它皺眉，它也對妳皺眉；若是妳給它一拳，它回報妳的，就是無數碎裂開來冷眼嘲笑妳的眼睛。

這多像我們的人生啊！妳付出努力，它回報妳；妳揮霍，它怠慢妳；妳認眞規劃，它適時報答妳。

女人要記得給自己一面「魔鏡」，它是心靈的視窗，能照出一個人的心境。對著鏡子，拂去身體表面的灰垢，再深思一下，拂去心靈上的自私和狹隘。

當妳在鏡子前光彩照人、賞心悅目，就會把未來勾勒成一幅美妙的畫面，進而塑造一個眞正燦爛的自己。

這就是女人愛照鏡子的奧祕所在，也是女人眞正想要的結果。

演好自己的「偶像劇」

與其觀看別人表演虛構的偶像劇，不如積極演好自己的這齣戲。如果妳想成為自己渴望成為的角色，就來提升妳的表演功力吧！

從什麼時候開始，妳給自己打上了「宅」的標籤？妳窩在家裡，把自己的活動半徑鎖定在客廳或者臥室那二三坪的天地，眼神專注地盯著電視（電腦）螢幕，將情緒變化交給肥皀劇的劇情去決定。出身貧賤、經歷坎坷的男主角是如何成爲大商人的？沒長相、沒身材、沒學歷的女主角怎樣成爲了豪門貴婦？三宮六院七十二嬪妃是如何爭風吃醋討皇帝歡心的？……諸如此類的劇情控制著妳的情緒，妳隨劇中人或悲或喜，唯獨忘記自己的生活。

很多女孩都夢想成爲明星，演話劇、演電視劇、演電影……甚至特地爲此去報考影視院校，學習「表演」。

表演，演的是別人的故事，謝了幕，卸了妝，一切都跟妳無關，妳的生活還得繼續，柴、米、油、鹽、喜怒哀樂，都由妳自己來掌控。如果妳夠聰明，應該儘早看清最値得妳認眞「演」的，是妳的生活。

我們的日常生活就是一場「秀」，是一場幾十年甚至上百年連播的「大戲」，妳身兼數個角色，演得好不好、眞實不眞實，最考驗妳的演技。

數數看，妳生下來，就有爸爸、媽媽、爺爺、奶奶、叔叔、七大姑、八大姨等一大家子人，妳是家中的小寶貝、小心肝，因爲是孩子，妳可以不工作、不養家，茶來伸手飯來張口；但是同樣地，妳要承擔一個孩子應盡的義務，聽長輩的話、上學念書、學規矩、學做人的道理……「孩子」這個角色有很多既定的規則，於是，妳在少年叛逆的時期大哭大鬧：「我不自由。」

進了學校，妳開始「扮演」學生，妳跟其他幾十個孩子共用一間教室，上一樣的課，學一樣的課本，寫一樣的作業，參加同樣的考試，老師用統一的標準要求妳們。做爲學生，妳要遵守校紀校規，遵守課堂紀律，不能打架不能蹺課，要努力學習爭取考出好成績。當然，妳回到家裡還可以享受父母的照顧，理所當然地做個「米蟲」。但是學習成績不好，父母會替妳著急，甚至跟妳動粗。

出了社會，成爲一個社會人，妳要扮演的角色更多，妳的戲碼更重，甚至劇情的掌控並不在妳的手中——

做爲一個小職員，妳要讓上司喜歡妳，讓同事接受妳，否則妳會混得很尷尬。

做爲談判的甲方或者乙方，妳不能跟對方翻臉，要學會委曲求全或者討好奉承，才能拿下一筆訂單，敲定一樁買賣。

做爲創業者，妳需要遊走在買家、賣家、工商、稅務、銀行之間，不斷陪笑臉、點頭哈腰，哪一方都得罪不起。

眞正走入社會，妳就會明白，醒著的時間裡，妳大半時間都在演戲。有時候妳是主角，有時候妳是配角。這齣戲的劇本由不得妳挑，妳唯一的出路就是千方百計把戲演好，這樣才能獲得應得的報酬，過上更好的日子。

我非常欣賞阿眞演出的「偶像劇」。

研究所畢業之後，她進入一家外資企業工作，在那裡結識了她後來的先生。兩個人白手起家，租屋、購屋、買車、生孩子，一路走來，壓力大、動力大，雖然肩上的擔子很重，卻一直走得堅定而執著。

阿眞的臉上從來沒有「黃臉婆」的顏色和神態，相反地，那張白皙的臉龐上總是優雅的淡妝和淺淺的微笑。她經常掛在嘴邊的一句話就是「事在人爲」，這話經她嘴裡說出來，立刻就向周圍傳遞出一種力量，妳都能被她感染，覺得沒有什麼困難是克服不了的。

我一直覺得阿眞的故事可以寫成一部勵志偶像劇，而且劇情絲毫沒有浮誇和幻想的成分。

她用自己的眞實經歷告訴我們：與其花費太多時間去感時傷懷，不如努力做好現在自己扮演的角色。

做父母的好女兒、做先生的好妻子、做老闆的好員工、做同事的好搭檔、做客戶的好夥伴……做好每一件妳應該做的事，演好妳的每一個角色，讓每一個細節都閃光，讓每一個環節都精彩，這樣的人生才是幸福而快樂的。

螢幕上的偶像劇永遠推陳出新，俊男靚女層出不窮，妳永遠也看不完。可是，我們的青春只有一次，過去就再也找不回來了。誰都不想在十幾二十年後，只知道偶像劇裡的男女主角發生過什麼故事，自己卻一無所有。

如果妳想擁有戲劇般豐富的人生，不妨把自己當成主角，將周遭的人和事物當配角與故事背景，換個角度和心情，將攝影鏡頭對準自己。自行編劇與導演自己所能掌控的生活，好好演一場屬於自己現實人生的「偶像劇」。

妳的青春妳來做主

如果妳把青春當作提款機，裡面的財富很快就會花光。如果妳把青春當作存摺，裡面的財富會越來越多，以後的日子也會越來越好過。

女人天生愛做夢，十幾歲時尚且遮遮掩掩、欲說還休，二十幾歲則是把夢做得理所當然、鏗鏘有力。

若是誰敢提醒一個女孩子「別做夢了，現實一點吧」，那眞是犯了最大的忌諱。

有些女孩嘴裡喊著「我的青春我做主」，恣意揮霍著一去不再來的青春。這些少不經事的女孩喜歡自由自在，不想讓大人管著，一門心思要做自己想做的事。

那好，沒人攔著妳。可是，妳有沒有想過，妳自己做主卻搞砸了怎麼辦？誰替妳收拾爛攤子呢？

我們可以做主享受青春，卻也要累積足夠的資本爲日後的生活買單。

爲了不讓自己在年紀一大把時還辛苦奔波，最好在年輕時就對自己「狠一點」。想爲自己的青春做主，就得學著規劃，不但要訂定目標，還要知道實現目標的途徑在哪裡。二十幾歲要做的事不能拖到三十幾歲，因爲三十幾歲還有三十幾歲的任務和責任。

「規劃」對一個女人有多重要，年輕時候的我們是很難體會到的。在還擁有大把青春的時候，選擇什麼職業、過什麼生活看起來都不是什麼値得思考的問題，然而年齡越大越會意識到，選擇怎樣的職業、如何打理自己的生活絕對是一件人生中非常要緊的事。

工作太忙沒時間戀愛，光顧著戀愛忘了賺錢，這都是規劃做得不好，沒有掌握好工作和生活之間的平衡所致。其實說起來，做規劃並不難。美國著名的歌手Sophie Tucker建議女孩子們：女人從出生到十八歲，需要好的家庭；十八到三十五歲，需要好的容貌；三十五到五十五歲，需要好的個性；五十五歲以後，需要好多鈔票。

這其中，除了「好的家庭」我們不能左右之外，其他都是可以實現的。不要總拿「我沒背景」、「爸媽幫不了我」做藉口，有背景的人畢竟是少數，所謂「貴人」也多半是要妳在以後的工作和生活中自己去結識的。其實，這也是人生規劃中的一部分。妳以爲那些靠貴人提攜的人，眞的都是「偶然」遇到的嗎？很多人都會窮盡心思、想盡辦法、牽線搭橋去拜望名人，爲的就是改變自己的命運，讓命運朝著自己期望的方向發展。

所以，聰明的女孩會充分利用青春，在大好的年華裡多學知識、多長本領、多爲自己找路。過一天算一天的女人遲早要後悔。即使不想做女強人，哪怕只是爲了自己不被優勝劣汰、適者生存的社會所淘汰，做好自己的人生規劃也是很有必要的。

方向的問題要趁早「悟」

如果方向錯了，走得越遠錯誤越大。那麼，在錯的方向上停下來就是進步。

這個時代給予了女人很多種選擇，也恰恰是這種選擇的多樣性讓很多女人茫然和迷失，不知道自己該何去何從。就像有個女孩在網路上寫的那樣：「我就像一隻趴在玻璃窗上的蒼蠅，看得到光明，卻不知道出路在哪裡。」

其實，人生本無路，是方向指引我們踏出了一條通往成功的路。沒有方向，妳就會隨波逐流，聽任命運的擺佈；有了方向，妳就會努力成爲生活的主人，信心滿滿地朝著既定的方向前進。

「難得糊塗」是一種自我安慰的說法，「笨女人更快樂」也是在迷惑視聽，只有目標清晰、方向感強的女人，才能駕馭自己的人生。

雅瑞和文潔曾經是大學的室友，但兩人對「未來道路」卻有著截然不同的看法。文潔非常強勢，既想做職場「白領女精英」，又想擁有幸福美滿的婚姻。雅瑞則比較膽怯一點，她覺得身爲女人應該懂得忍讓退卻，不管是事業上還是家庭上，都應該「聽之任之」，由父母做主。

大學畢業之後，兩個人走上了截然不同的道路。雅瑞進入一家公司做行政工作，她任勞任怨，每天很早就到辦公室幫忙擦桌子、拖地板，臉上還帶著謙卑的笑容。不僅如此，她還幫同事買便當、泡咖啡，甚至連飲水機的桶裝水都由她來換。既要做好自己的工作，又要幫同事的忙，一天下來，雅瑞覺得自己雜事纏身，疲於應對。

在雅瑞忍辱負重的同時，文潔則在同一家公司的業務部門忙裡忙外。她對業務相關的工作格外用心，總是圍著部門主管轉來轉去。只要是和業務相關的知識，她都努力學習，並且非常勤快地跟著部門主管出去見客戶、跑關係，很快就成爲部門主管身邊的貼心人。

幾年的時間轉眼就過去了，兩人的境況卻有了天壤之別。雅瑞雖然成了行政部門的「老員工」，但是由於工作的技術含量不高，屬於輔助部門，只漲了一點點薪水，其他方面沒有多大改觀。辦公室那些雜事她還是一手包攬，混了一個「老好人」的綽號，卻連半個新人都指使不動。雅瑞覺得自己的事業不會有太大改觀了，便結婚生子，每天在公司忙完了，回到家還要忙，簡直分身乏術。

而文潔，已經成爲業務部門經理，升職加薪風光無限。她雖然也結婚了，但幾乎不做家務，把洗衣做飯這種事情交代給保姆，自己像「少奶奶」一樣動嘴不動手。

雅瑞看到曾經的室友文潔過著和自己完全不同的生活，總是暗自傷感：「這眞是命啊！有些人無論怎麼努力，日子還是那個樣子；有些人無論往哪個方向走，前途都是一片平坦。」

眞的是「命運」使然嗎？未必。

雅瑞之所以找不到財富的「新大陸」，是因爲選錯了方向。她並沒有意識到，自己只是公司的一個「勤雜工」，做的都是些沒有「營養」的工作。不僅自己的能力得不到提升，也無法爲公司創造更多價值。屬於只有「苦勞」沒有「功勞」的人，老闆當然不會給她高薪的。她越是低眉順眼忍氣吞聲，就越不可自拔。

文潔找到了正確的方向，她進入公司最重要的業務部門，跟著前輩學到最核心的知識，爲公司創造最大的價值，所以她能夠順利加薪升職，生活品質也跟著水漲船高。

爲什麼偏偏那些「不做事」的女人享受了更好的生活呢？

原因就在於，她們找對了方向。很明顯，雅瑞和文潔起點相同，卻因選錯了方向，最終成爲不同階層的人。一個是辛苦奔波多勞少得的工薪族；一個是發號施令事半功倍的管理者；一個是磨粗了手指累彎了腰的家庭主婦，一個是享受生活錦衣玉食的貴婦人。

方向，對於女人是多麼重要。

女人定位要趁早，其中重要的一項，就是儘早調整自己的人生方向。不要在歧路上浪費時間，不要再被彎路迷惑心智，不要像拉磨的驢子一樣在原地打轉，而是要積極思考如何盡快脫離困頓，並從中得到教訓。

主動「追求」自己嚮往的生活

好日子不會主動朝妳走過來，而是需要妳朝它走過去。實現夢想的第一步，就是從「夢」中醒來，隨之付諸行動。

「我喜歡豐盛而濃烈地活著，即使是幻覺。」早年看到某女寫下這樣一句話，驚懾得無法動彈。這是多麼鮮明的目標，又是何等決然的態度。且不說她追求的生活是否眞實、定位是否準確，只要有這樣澎湃的激情，做什麼都會成功的。

每個女人腦袋裡總有很多稀奇古怪的想法。可是，妳要是認眞地問她一句：「妳究竟嚮往什麼樣的生活？」她可能說不上來。大多數女人會籠統地說：「我要一個愛我的男人，要高、要帥、要對我好、要有錢、要有大房子、要有車、要養我……」好吧，追求這樣的生活沒有錯，關鍵在於妳如何落實「追求」這兩個字。

請注意「追求」和「等待」的區別。前者是充分發揮妳的主觀能動性，積極去爭取；而後者是窩在沙發裡坐等好事送上門。用腳趾頭想想，哪一種更實際？

杜紅是我在ＭＳＮ上認識的一個女孩，我們相識四年，雖然沒有見過面，但是已經成爲了非常要好的朋友。

我不光是欽慕她的才華，更是被她追求夢想的精神所打動。

杜紅說，她在十六歲的時候，才意識到自己想成爲一名鋼琴家。十六歲，雖然正是青春正盛的花季，但對於學鋼琴的人來說，確實有點晚了。她從最基礎的課程學起，鋼琴教室裡除了她一個大女孩，其餘的都是五、六歲的孩子。孩子們好奇地看著她笑，家長們也用圍觀的神情打量這個「奇怪」的女孩……

「我要在舞臺上彈奏鋼琴，成爲音樂廳裡萬眾矚目的焦點。」杜紅給自己訂下了一個目標。

杜紅的家境並不富裕，母親經營一家小小的理髮店，是地上一堆一堆的碎髮換來的鋼琴。無論嚴寒酷暑，杜紅都擠在狹小潮濕的家裡拼命練琴，練到手指變形、人近瘋狂，夜裡做夢的時候手指都在敲打床沿。她有天賦，再加上後天的勤學苦練，硬是趕上了課程進度，以不可思議的速度進步著。教鋼琴的老師說：「杜紅在學琴的孩子之間創造了一個奇蹟。」

後來，杜紅申請到了紐西蘭一家音樂學院的獎學金，出國學習作曲。

MSN上，有很多她在國外的照片，有的是坐在鋼琴前全神貫注地演奏，有的是窩在狹小的公寓裡作曲，還有一些是和同學參加演奏會時的合照。這些照片並沒有經過特殊的處理，但杜紅的臉上卻散發著自信的光芒。

這個大膽追夢的女孩，一步步接近著自己的夢想。

心懷「夢想」很容易，描述嚮往的生活也很容易，但是如何把「夢想」變成現實，則需要我們認眞動腦、勤快動手、多多用心。

我認識一位美女，她一直想當「闊太太」，爲了實現這個夢想，她做了很大的努力：在兩年的時間裡，她減掉了十公斤體重，從胖妹變成辣妹；她考進頂級的ＭＢＡ進修班，結識了一些商界名流、鑽石王老五。她長袖善舞，窮盡殺伐決斷之能事，最終成功登頂「闊太太」寶座。此一番「追求」，堪稱傳奇。

之所以強調「追求」二字，是在鼓勵妳行動起來。

想變成窈窕淑女，就要忍饑挨餓；想成爲學術權威，就要努力讀書發表文章；想成爲創業小富婆，就要果斷決策，大膽投資……不管妳嚮往的生活是什麼，都要主動去追求。

相信自己一定「能」

懷揣夢想，堅信自己一定「能」。就算機緣不夠，妳最終不能實現這個夢想，但妳的人生也會因為這段奮鬥的過程而具有特別的價值。

大學畢業之後，小藝從南部的城市一路北上，到臺北追求自己的「夢想」——當電影導演。

由於上學的比較早，畢業時她不過二十歲多一點，比一般的大學畢業生小很多。這樣一個小「蘿莉」，遠離父母到一座全然陌生的城市開始新的生活，誰見了都會產生一絲憐惜和疼愛。

一些前輩好心地勸導說：「小藝，妳知道臺北有多少像妳這樣渴望拍電影的女孩子嗎？有很多人在這裡打拼了五、六年，連一個進劇組的機會都撈不到，更別說當導演了。」

年輕又可愛的小藝總笑嘻嘻地說：「姐姐，我相信自己一定能做到。妳知道嗎？好萊塢很多大導演都是從片場打雜人員做起，像詹姆斯．柯麥隆那樣的大導演，最初寫的劇本只賣一美元，就為換一次當導演的機會。我也能夠做到！」

「真是少年不識愁滋味啊！」前輩忍不住地感嘆。

之後的五年，小藝一直追尋著她的夢想。她自己寫劇本，找熟人牽關係到大導演那裡推薦，一次次被否定，一次次被拒絕，甚至一次次受到羞辱：「別做夢了，這是個很現實的圈子，容不得夢想家！」

可是，小藝卻很少把自己的沮喪心情表露出來。她有寫部落格的習慣，上面記錄著她在臺北打拼的酸甜苦辣。與眾不同的是，不管受到多大的委屈，小藝從不在部落格上面抱怨、哭訴，永遠是嘻嘻哈哈，用她特有的詼諧筆觸敘述自己闖蕩影視圈的遭遇。

網友給她的評價是：「這是一個摔倒都摔得很華麗的女孩。」

終於，好運眷顧了這個堅忍不拔、樂觀向上的女孩。她的部落格被網站編輯推薦到首頁，贏得了超高的點擊率。無數同年齡女孩在小藝的身上看到了自己的影子，紛紛留言、寫信給她。小藝的經歷本身就成了一個歡笑與眼淚同在的勵志故事腳本。最後，小藝以自己爲原型，寫了一個關於尋夢女孩獨自在大城市打拼的電影劇本，並被一家知名影視公司花高價買走。她本人也成爲這家公司的簽約編

劇，離夢想中的導演位置前進了一大步。

寫下小藝的故事之後，我禁不住打開自己MSN的好友名單，看看她。跟平常一樣，她的MSN顯示狀態是忙碌。很慚愧，我年長她幾歲，卻經常需要用她的故事來鞭策自己。每當工作遇到瓶頸無法突破，或者堅持不下去的時候，她那副自信的模樣就會在我眼前晃來晃去。

戀愛中的女人，眼中會有一種別樣的光芒，臉上也會洋溢著幸福的神韻。同樣，對生活有所追求、心中揣著夢想的女人，也會散發出這樣迷人的光彩。小藝便是其中之一。

很多時候，我在捷運裡、公車上，在熙熙攘攘的人群中，都會浮想聯翩。每天湧進這個大城市尋夢的年輕女孩不計其數，她們容貌差不多，學歷差不多，但是五年、八年之後，她們必定會過著不同的生活。有些人，承受不住打擊，消沉了、撤退了，甘於陷入庸碌的生活中；有些人，心底那簇夢想的火苗不斷燃燒，釋放出經久不衰的能量，支撐著她們走向成功。

回顧妳的朋友圈子、同學圈子，是不是總有這樣一些女人：相貌平平，身材一般，學識並不出眾，初次交往甚至不能給人留下特別深刻的印象。但是，她們總是能「好運駕臨」：找到好的工作，嫁個旁人羨慕的老公，買到好地段的房子，甚至能夠如願以償生個白胖兒子。

爲什麼她們總能心想事成？

因爲她們相信自己一定「能」。

這是一種力量，讓妳身受重壓而不垮掉。

這是一種態度，就連厄運都會爲自信的人讓路。

這是一種光芒，能夠照亮前方未知的黑暗與陰霾。這是一種助燃劑，幫妳點燃小宇宙，開啓無限可能性。

人們從未停止過夢想和現實之間關係的討論，更多人相信二者是相互衝突的。可是當我們換個角度看待這個問題的時候，就會發現夢想和現實是可以相容的。有夢想，才能讓現實生活變得有彈性，充滿活力；根植於現實生活，夢想才有實現的可能。而與夢想相伴的，自然是信心。

人生是一場博弈，有信心不一定會贏，但沒有信心肯定會輸。無論我們處在什麼位置，面對多大的困難，「我做得到」的態度就如同加了金屬墜子的不倒翁，不能有絲毫的動搖。

借鑑老一輩的做人經驗

要聽媽媽的話。周杰倫這麼說，李連杰這麼說，新近獲得奧斯卡最佳導演獎的湯姆．霍柏（Tom Hooper）也這麼說。看來老一輩的做人經驗，往往是不會錯的。

年輕的時候，誰不叛逆，誰不張揚，巴不得離父母越遠越好。媽媽說往東，我們偏往西，似乎人生目標之一就是「不過媽媽那樣的生活」。可是，當妳經歷了女孩變成女人必經的那些痛楚，妳就會幡然悔悟：早聽媽媽的話就好了！

時代在發展，很多觀念都改變了，但那些做人的道理和長輩的經驗之談，依然有現實的指導性。

筱悠從來都不是一個乖寶寶。童年時期，別的女孩子都穿著粉色的公主裙膩在媽媽身邊，像天使一樣撒嬌，筱悠卻固執地要剪短髮，像男孩一樣穿短褲T恤。直到讀高級中學時，還會有人把她誤認爲男孩子。

筱悠的媽媽是公認的「美人」，她解釋說：「筱悠的女兒心醒來得晚，遲早還是要變成一個漂亮女生的。」

媽媽原本是好意安慰筱悠，沒想到卻進一步激發了女兒的叛逆心理。她穿衣打扮學男孩子，個性也像男孩子一樣大大咧咧，整天混在男生堆裡，幾乎沒有談得來的好姊妹。

一次戀愛，結束了筱悠漫長的「叛逆期」。

佳明是筱悠的學長，也是學校著名的「灌籃高手」。筱悠經常混在男生堆裡打球，佳明總是拍著她的腦袋親切地叫她「假小子」。筱悠引以爲傲，在其他女生羨慕的眼光中享受著這份殊榮。

直到某一天，大家在談論理想的交往對象時，佳明說：「我心目中的女朋友，一定是長髮飄飄，溫柔體貼的類型。」筱悠聽後，感到了前所未有的失落，她像是在美夢中忽然被人叫醒，從幸福的雲端墜入絕望的谷底。

筱悠試著疏遠佳明，她在心底對自己說：「原來佳明也跟其他男生一樣，只喜歡長髮的溫柔女生。我這種特立獨行的女孩，他不懂得欣賞。」怎奈，這種自欺欺人的想法根本騙不了自己，筱悠再也無法精神抖擻地去球場打球了，她開始憎恨穿衣鏡前短髮的自己。

班上女生討論新一季流行的裙子，筱悠渴望加入其中，卻又無限自卑起來。

這個時候，她忽然想到了媽媽以前說的話：「筱悠的女兒心，醒來得晚。」

原來，媽媽是個預言家，早就料到筱悠不過是在固執地跟自己的性別對抗，只要遇到了心儀的對象，她就會乖乖就範，變成美麗端莊的「淑女」。

帶著一絲慚愧和羞澀，筱悠終於和媽媽握手言和，一起探討「女人」的道路該怎樣走。

筱悠第一次非常認眞地「參考」媽媽的生活，於是，一個萬花筒般絢麗多彩的女人世界呈現在她的眼前。

媽媽說，美麗是女人的天職。花朵、春風、流水、明月這些辭彙都用來形容女人，正是因爲女人爲這個世界貢獻了美麗。很難想像，如果這個社會少了女人的「陰柔」之美，「陽剛」會變得多麼乏味和枯燥。

媽媽說，戀愛是成長的必修課。戀愛帶來的不僅是甜蜜的美好，也有難言的苦澀，正是這樣五味雜陳的記憶豐富了女人的生命，才讓懵懵懂懂的小女孩變成豁達大氣的女人。

媽媽說，女人要懂得愛自己，然後再去愛別人。一個處理不好自己生活的人，很難給別人帶來愉快的感受。妳可以偶爾撒嬌，祈求呵護和庇佑，但不會有人照顧妳一輩子，妳必須懂得規劃自己的生活，以積極的行動來感染周圍的人，這樣才能贏得別人的尊重和喜歡。

……

媽媽說了很多，筱悠逐條謹記。

一個女孩的成長，不能光靠跌跌撞撞、摔摔打打來完成，需要前輩的指點，長輩的忠告，特別是母親細膩的叮嚀。那些聽起來太過「瑣碎」的嘮叨和「過時」的言論，都是母親、外婆以及更年長的女性們，用親身經歷換來的，每一句都凝聚了智慧和關愛。

如果說男人靠讀史書來豐富自己的頭腦，那麼，女人就是在媽媽和外婆的嘮叨下學到了做人處事的本領。

超前規劃，為下一個「10」鋪路

女人不能「混」，過一天算一天無異於放任自流。美好的人生離不開規劃，女人要趁早為自己的下一個十年鋪路。

有人說，女人的一生應該這樣度過：十歲而乖、十五歲而聰、二十歲而甜、二十五歲而美、三十歲而媚、三十五歲而莊、四十歲而強、四十五歲而賢、五十歲而潤、五十五歲而醇、六十歲而慈。每個階段的女人有每個階段特有的美好。

很多女人，年輕時有夢想、有抱負，卻又搖擺不定，含糊不決。大好的青春用在猶豫和徘徊中，一不小心到了三十幾歲。這時又有了婚姻和家庭的壓力，不得不把有限的精力用在相夫教子上，只能把自己未曾實現的夢想寄託在下一代的身上。若是孩子能夠替自己圓夢，也算是「無憾」；若是孩子有自己的意願，又免不了兩代人吵吵嚷嚷，互不妥協。到頭來，自己沒有做好規劃，選擇了迷糊的人生，讓下一代也跟著走彎路。

這也說明，女人在年輕時爲自己定好位，選擇一條正確的人生路線，不僅自己受益，也會讓家人、孩子有更好的生活。

其實，我們今天所走的每一步，都是爲以後的生活鋪路。即便是妳無意中做出的一個決定，也許就影響到妳日後的生活。在做人生規劃時，妳不妨把「三年內成爲部門主管」、「五年內讓業界同仁知道我」、「三十歲時，擁有屬於自己的房子」這樣的目標寫入計畫中。但有一點要求，那就是從現在開始，爲實現目標鋪路。

有了這樣的目標，妳就會有行動的動力，又不會因爲目標太過遠大難以實現，而讓自己背負過於沉重的負擔。

女性朋友皎皎的話，至今還給我留下深刻的印象。

「我最美的時刻還沒到。」彼時，她是沉迷在文學天地裡的書蟲，一心一意做著科幻小說作家的美夢。

她寫了大量的故事在朋友中間流傳，也在網路上連載，可是始終沒有大紅大紫。

我們替她鳴不平，她自己卻很坦然地說：「今天寫的這些，就當作練文筆。我相信，最好的作品永遠是下一部。只要我堅持寫下去，十年後我就是最成熟的科幻小說作家。」

果不其然，在她寫了十年科幻小說之後，終於有一部作品橫空出世，成爲出版界炙手可熱的書稿。好幾家出版機構「搶」著要她的作品，甚至她以前寫的那些並沒有「紅」起來的稿件，也被人高價買走。

十年，她敲壞了好幾個鍵盤，被數不清的編輯退稿，但是她不斷累積經驗，不斷提升自己，幾乎看遍了所有能夠找到的科幻作品，汲取眾家之長，形成自己獨特的敘事風格，終於迎來「最美的時刻」。

「十年後我是什麼樣子？我要怎樣做，才能成爲我所希望的樣子？」所有女人，都應該問自己這樣的問題。

只要妳合理規劃並積極行動起來，就會發現自己的時間並不多，總有事情要做，總有驚喜呈現，完全沒有閒暇去思考「人生究竟有沒有意義？」、「自由有沒有疆界？」之類的命題。

不管妳是二十幾歲，還是三十幾歲，都不能只活在「今天」，而是要把目光放得更長遠一些，規劃下一個十年要如何度過。

當妳累積到一定階段，做好了充分準備的時候，就會迎來一次完美華麗的蛻變。

Chapter 2

外表到位｜古董花瓶萬萬歲

美麗是女人的天職，做一個從頭美到腳的古董花瓶也沒什麼不好。
一個女人能夠常年保持勻稱的身材、亮麗的肌膚、輕盈的步態，
說明她有非凡的自制力和細緻入微的心思，
在工作和情感上必定所向披靡，無往不利。

有人說妳「花瓶」，要謝謝他

所有的女孩子都應該早早喚醒埋藏的愛美之心，以自己的性別為榮，以自己的美麗為傲，光鮮亮麗地生活，風姿綽約地前行。

女人被人喚做「花瓶」，總會有點憤憤不平，因爲這個稱呼有點貶低和嘲諷的意味。然而，有些女人卻會自信地說：「古董花瓶不是一樣價値連城嗎？」有了這樣與眾不同的回答，「花瓶」們忽然又身價倍增，恃寵而驕了。我的一個女性朋友阿丹就曾眨著兩隻大眼睛說：「誰說我是花瓶，我要謝謝他，那是在誇我美麗。」

如今，「美女經濟」的口號喊了不只一天兩天了，「美貌也是競爭力」這句話也流傳甚廣。在競爭激烈、高學歷人才充斥市場的今天，女人的美麗成爲職場競爭和人際交往的一項重要資本。現在，沒有誰會信誓旦旦地說「內涵比外貌更重要」，而是更加強調形象管理，讓外貌爲自己加分。有統計顯示，在能力大致相當的情況下，外貌較爲出色的人更容易贏得青睞，獲得機會。與其說是某位老闆「以貌取人」、「太過好色」，不如說是人類偏愛美色的天性使然。

就拿我的朋友阿丹來說，我們一直覺得她看起來「很不錯啦」，可是她就是討厭自己的國字臉，和略微男性化的方下巴。

爲了實現「沒有最美，只有更美」的目標，她拿出辛苦賺來的薪水，做了一次整形手術，換來了一張無懈可擊的「鴨蛋臉」。爲了追求完美效果，她又做了針灸減肥，見到針頭就犯暈的她，居然全程堅持下來。瘦身成功後，她腰上的贅肉不見了蹤影，窈窕的身姿眞的很像一個漂亮的花瓶。

「花瓶」阿丹成爲美女之後，享受了前所未有的「特權」，交了個像電影明星一樣帥氣的男朋友，去大企業面試的時候也受到了高度青睞。以前她總是詛咒那些「妖精美女」，當自己成爲美女之後，卻整日照著鏡子修練自己的「妖氣」。

當然，並不是所有女孩都有阿丹這樣「對自己狠一點」的勇氣，畢竟，在自己身上動刀總會有小隱患。但是，在自己的外貌上多花一點心思是絕對必要的。

很多女孩在年輕的時候相信「青春無敵」、「素面朝天」、「腹有詩書氣自華」，她們把所有的時間和精力都放在讀書和工作上，可是往往被那些「花瓶」女人打敗，然後哭天喊地地抱怨「這個世界不公平」。

我看到過這樣一句話：「永遠不要小看一個保持身材的女人。因爲這意味著她有著常人無可匹敵的毅力和忍耐力，能夠拒絕掉常人不能拒絕的誘惑。一個瘦身的女人，她必須控制飲食、堅持運動、勤練瑜伽，拒絕一切能讓自己變胖的美味和熱量。這樣的超強毅力和控制力，用在情場和職場上，簡直就是無往而不利。」看到這樣的點評，誰還敢小覷那些錦衣華服、淡妝濃抹的「花瓶」呢？

曾經有人向一位著名的編劇提問：「妳寫了那麼多好劇本，爲什麼自己不去演一演呢？」編劇笑著說：「當演員可不容易啊！需要大段大段地背臺詞，不信妳試試？」

我們不妨也問一句：「如果當個漂亮的『花瓶』那麼容易，妳爲什麼不去當？」妳應該想到，不是所有人都能一年四季穿著絲襪裙裝跑來跑去的，不是所有人都能每天面帶微笑迎來送往的，不是所有人都能爲了控制體重面對美食毫不動心的……花瓶，自有身爲花瓶的難處。

我認識一位夫人，已經六十多歲了，卻保持著追求美麗的習慣。她堅持每週做兩次按摩，不化妝的時候也不忘記做臉部清潔，對皮膚保養頗爲用心。她這樣告誡女兒：「減肥是一生的事業，只有懶女人才會有肥肉。」她自己一六五公分的身高，一生中從來沒有超過五十三公斤。如果按照傳統偏見，她應該是一個「上了歲數還追求表面工夫」的女人。但是，她比

任何女人都會打理自己和家人的生活。

這位夫人的「神奇」之處，就在於持之以恆的毅力和無微不至的精緻。細想一下妳就會發現，把老闆交代下來的事情辦好也許不難，減掉兩磅脂肪卻比這要難上幾倍。因爲形體的保持比工作更需要耐心和毅力。

說這些，無非是要提醒廣大姐妹，年輕時就要養成呵護容貌、保持體態的習慣。只要努力，誰都可以成爲「中等美女」。妳無須超越吳佩慈、林志玲，但是妳可以學著吸納、借鑑美女的要素，適當放大自己的優點，學習穿衣之道，彌補身材缺陷。學習化妝技巧，讓自己看起來更漂亮。再輔之以清晰溫和的語調和表情，有風度的行爲舉止，這樣的女人愈看愈覺得美麗。

找到適合妳的那一款「最佳味道」

一款和妳最為匹配的香水味道，是屬於妳的隱形標籤，牽引著與妳心心相印的人，在滾滾紅塵中找到妳。

十八歲生日那天，Ann收到生平第一瓶香水。很小的一瓶Dior，是男孩用打工賺來的錢買的。送香水的男孩臉紅到脖子根，支吾半天也沒說出一句像樣的話，只是反反覆覆地說：「我，我覺得，覺得這個適合妳。」

Ann是心氣頗高的女孩子，不想輕易就收下這份禮物，她說：「謝謝你，但我不用香水的。」禮物被拒收，這份感情尚未開始就宣告失敗。但是，失敗卻不等於結束。

二十二歲的夏天，Ann大學畢業，要離開生活了四年的城市。

她一直都不喜歡這座城市，發誓這一走不再回來。

男孩去送她，帶了很大一瓶Dior。

Ann深知這份禮物價格不菲，並且知道以男孩的薪水來算，買這樣一瓶香水太奢侈了。

男孩說：「妳留下吧！」

Ann說：「謝謝你，我不習慣用香水。」

這份禮物又被拒收，這份感情第二次宣告失敗。但是，失敗之後還有續篇。

二十五歲生日那天，身在上海的Ann獨自一個人回到租住的公寓，煮一碗泡麵做爲長壽麵。因爲今天加班加到很晚，她已經沒有力氣出去慶祝。

這時，房東太太敲門送來一個快遞包裹，用難懂的上海話說：「妳的郵件，我幫妳簽收了。」

Ann說了謝謝，便一邊疑惑，一邊拆開那份小巧的包裹。打開一看，發現又是Dior，又是他。

很快地，她接到他的手機簡訊，只有五個字：Ann，生日快樂。

Ann的眼淚決堤一般湧了出來。

在上海打拼的日子，她成了旁人眼中光鮮亮麗的「粉領」，熟知各種化妝品和香水的品牌，也有各種男士以各種方式送她價值不菲的禮物，但是，她再也遇不到這樣細心周到的關心和呵護。

Ann想回覆訊息，可是不知道該說什麼。她忽然意識到，這個包裹是從上海寄來的，而不是從當初的那座城市——台北。

他也來了，但是他一直沒找她。他在默默奮鬥著，努力打拼著，爭取給自己喜歡的女孩創造最好的生活。

原來，當初的那個男孩對她的心一直未變。

這就是我的好友Ann的故事，一個關於香水、關於愛情的故事。

在她的婚禮上，這個故事被拍成一部小規模的文藝片，溫情又煽情，害得我們大飆眼淚。

做爲七年級生，我們算是比較晚熟的，性別概念非常模糊。沒有哪個女孩子早早就知道香水的意義和用途，毫不誇張地說，有人還把花露水當作香水用。

愛美之心「發育」得晚，感情也就發展得慢。若是早早讀到詩人梵樂希那句：「不擦香水的女人是沒有未來的。」或者早幾年聽到瑪麗蓮．夢露的名言：「我，只穿NO.5入睡！」可能很多曲折的故事就要改寫了。

女人是水，香水也是水，而擦香水的女人則變成了霧。女人使用香水，絕不只是爲了向男人們「獻媚」。吸引異性只不過是香水的一個功能而已，更多的時候，香水是爲了表達女人的期盼與渴望。女人用香水散發清香、表達個性、傳遞資訊、吸引注意，當那縷似有若無的清香拂過，妳知道是誰在靠近。清香將妳圍繞、迷醉、浸透、同化，讓妳忘了周圍的一切。然而，在餘香未散之時，人卻已然離去，彷彿一陣輕煙無影無蹤、無跡可尋，那不是「霧」又是什麼？

在電影《女人香》（Scent of a Woman）裡，失明的中尉擁有靈敏的鼻子，能分辨出女人使用的各種香水。與其說這是他對女人癡迷，倒不如說他是對那種味道癡迷，對他而言，一種味道代表一種女人，嬌羞、神祕、妖冶或清新……原來，男人是用他們的鼻子來選擇女人的。那麼，女人不妨用香水去征服男人，進而征服世界。

做爲性感代名詞的女人香，很多時候發揮的是一種引誘劑的作用。西施體有天然幽香，於是吳王爲她修了採香徑和香水溪；楊貴妃用麝香掩飾她多汗症的體味，便成就了「淚如紅冰滴，汗如香玉流」，引得唐玄宗爲她修了一座沉香亭；歷史中的香妃雖然沒有傳說中的美貌，可是她的體香卻讓乾隆皇帝沉迷其中、無法自拔；埃及豔后克麗奧佩特拉用她的美貌和香氣迷惑了羅馬英雄凱撒，換得了埃及二十二年的和平；原本平凡的英倫玫瑰戴安娜以「迪奧小姐」獲得了王子的青睞，開始了她短暫卻傳奇的一生……

香味的誘惑就是那麼不容抵擋，這條定律無論古今中外都同樣適用。

女人的「面子」丟不得

女為悅己者容，女人的臉總是在第一時間吸引到同性或者異性的目光。古往今來，沒有哪個女人甘願淪落為黃臉婆。雖然電腦輻射、粉塵侵襲、油煙浸漬，時時刻刻都在損傷著嬌嫩的臉，但女人的「面子」還是萬萬丟不得的。

妳願意一照鏡子臉上全是斑斑點點、疙疙瘩瘩嗎？看著鏡子裡的自己迅速老去，臉上毫無光彩，妳不覺得難受嗎？

美容大王大S曾推薦一款紅酒面膜，立刻就賣到斷貨。可見，女同胞們對自己的「面子」都是很看重的。單雙眼皮、大小眼睛、高低鼻梁等，這些都是爸媽所賜，可是這臉皮卻是後天可以保養的，妳對它好，它就爲妳「爭面子」；妳忽視它，它就讓妳「顏面盡失」。

有那麼一陣子，我悶在家裡趕稿子，沒日沒夜，整個生理時鐘都混亂了。不要以爲自由撰稿人眞的像電影裡演的那樣，畫著美美的妝，拎著小巧玲瓏的筆記型電腦（甚至是iPad），找家「星巴克」，靠窗坐、喝咖啡、曬太陽、發呆，然後敲出幾千字來賣錢。那些都是騙人的。自由撰稿人多半不修邊幅，顧不上洗臉，甚至不照鏡子，頭髮長了揮刀「自裁」，寬大的衣服隨意就往身上一套。至於電腦，爲了看字的時候省眼力，最好是買最大的液晶顯示器放家裡，而筆記型電腦，那只是出門的時候圖方便啦！

話說我那段日子在家悶頭趕稿，苦苦奮戰無數晝夜，被編輯催稿催了N遍之後，終於完成了任務。可是一照鏡子，天啊，我的臉像是蒙了一層黑紗似的，自己都被鏡子裡的人嚇個半死。

這是我嗎？這才不是我！這不是我吧？這眞的是我？顧不上玩哲學上的自我、本我、超我了，趕緊洗臉，敷面膜急救。

貼上面膜後，我仍舊驚魂未定，不由得怨念重生，但大多數還是針對自己的：「怎麼邋遢成這樣啊？難道趕稿就是理由嗎？身爲女人，怎麼能把自己的臉毀成這樣？」

保養一張水靈靈的臉可能需要一年半載，毀掉一張臉可是幾天就夠了。電腦輻射、灰塵侵蝕、清洗不徹底、睡眠不規律……這些足以把我們變成一個蓬頭垢面的黃臉婆了——眞的，這與結婚不結婚、進不進廚房、吃不吃油煙毫無關係。

汲取了那一次的教訓之後，不管趕稿子時間多緊，我都要提醒自己吃好睡好，該洗臉時洗臉，該敷面膜時敷面膜。當然啦，還是盡量調整好時間，不讓自己被稿子催得那麼緊。

女人，總得動腦筋安排好一切，才能心中有數，從從容容。

最後，既然提到面膜了，就多嘮叨一句。我雖不是美容專家，但也想和大家分享一些更實用、更簡單的「懶人」美容法。最簡單有效的，當然是買成品面膜。我個人體會，ＯＬＡＹ的美白面膜超好用，雖然有點奢侈，但能讓我「煥然一新」，感覺實在超好。

如果實在反對我這種敗家做法也沒關係，就來實惠的。將蜂蜜和牛奶調和在一起，往裡面丟一片壓縮面膜，面膜泡開之後，貼在臉上敷約二十分鐘，美白滋潤的效果也非常有效。我自認爲這是ＤＩＹ面膜裡面最簡單、最便宜、最行之有效的一款。牛奶不用多，利樂包的一半就夠，剩下的一半還可以喝掉。

如果妳覺得這樣還是麻煩，那就買珍珠粉，加牛奶或者純淨水，調成糊狀敷在臉上，二十分鐘左右，美白效果也是一等一的好。

如果，我是說如果（眞不希望妳「懶」到這個地步）上述做法妳還嫌麻煩，那就直接在晚上洗臉之後，擦好晚霜，然後把珍珠粉薄薄地拍一層在臉上，就像散粉一樣，然後就去睡覺（如果是跟老公或者男友一起睡，他可能會不習慣身邊躺個臉白得像藝妓一樣的女人）。

還是要囉嗦一句，市面上那種廉價的「珍珠粉」是不能用的。我說的珍珠粉，是眞正的珍珠磨成的粉，當年慈禧老佛爺直接喝進嘴裡的那種。現在市面上很多珍珠粉都是破損的、沒長全的、被當廢料處理掉的次品珍珠，甚至摻雜了滑石粉、碳酸鈣、貝殼粉等原料。這樣的珍珠粉是會損傷皮膚的。所以，在挑選珍珠粉的時候，要慧眼識英雄，不能貪圖小便宜而吃了大虧。

定位，從「頭」開始

髮質是衡量秀髮完美度的最重要標準。無論妳是風情萬種的捲髮，還是柔媚可人的直髮，如果頭髮凌亂枯黃沒有光澤，影響的不僅僅是美觀，還會搞壞妳的運氣，讓妳楣運不斷。

小時候課業繁重，為了節約時間，老師提倡女生都剪短髮，然後套上肥肥大大的校服，使性別十分模糊。現在看到當年的照片，恨不得藏起來不讓人看，實在慘不忍睹。

二十歲那年，我開始留長髮。

媽媽說，女孩子愛美是從頭髮開始的，起初我不信，後來信了。我不但頭髮長了，還沉迷於收集美麗的髮圈、精緻的髮帶和個性十足的髮夾。

這些可愛的小東西神不知鬼不覺地爬滿了我房間的每個角落，我的最大的夢想就是，伸手就能抓起一個漂亮的髮圈、髮帶或是夾子來裝飾我的頭髮。

隨著年齡的增長，我終於懂得追求數量不如追求品質，這種可怕的收集癖才得到有效遏制。

女人的頭髮就如同自己的第二張臉，擁有一頭飄逸的秀髮，不僅可以增添自信與魅力，還可以在吸引男性目光方面產生意想不到的效果。而長髮所表現出的溫柔、嫵媚的女性美，是其他內在與外在特徵都無法超越的。

美國佛羅里達州州立大學心理學家凱利．克萊恩博士領導的研究小組，對五十名男子進行了一項調查，將同一名女子的髮型以電腦分別處理成長、中、短三種樣子，結果絕大部分男子都認爲長髮的女人最性感。電影《眞愛伴我行》（Malena），大美女莫妮卡．貝露琪洗完了頭髮坐在院子裡晾乾，那個暗戀她的少年躲到她的身後伸出舌尖去接髮梢滴下來的水。柔軟、慵懶、清香的女人頭髮，就是這樣的迷人。

出生於十九世紀中葉、與佛洛伊德齊名的性科學領域裡最早、最著名的先驅哈夫洛克（Havelock Ellis）曾經在他的著作《性心理學》一書中指出：「頭髮的誘惑力極大，它與性選擇的視覺、聽覺、嗅覺、觸覺均有關係。」很多男人都認爲，長髮是女人味的源泉。曾經有電視節目隨機採訪現場的男性觀眾，問他們最喜歡女人哪些小動作。接受採訪的三位男士中，有兩位認爲女人歪著頭撫弄頭髮的樣子很動人，而另外一位則親自做起「示範」，說女人用一隻手撩起另外一邊的頭髮時非常「卡哇伊」。

最近幾年，短髮忽然流行起來，不管是影視紅星，還是模特兒，很多人剪短了長髮，告別了飄柔嫵媚，變得幹練俊朗。這可能跟當下流行的「中性美」相得益彰吧！也是女人自強的獨特宣言。說到底，長髮或短髮都由我們自己說了算，重要的是，我們透過改變髮型來改變心情，透過塑造髮型來塑造自我。

我們留好看的髮型，不單單是爲了「勾引」異性（就算是爲了勾引異性，爲悅己者容又不是什麼丟臉的事），還爲了愉悅我們自己。在如歌的歲月裡，女人精心呵護自己的頭髮，展示自己的美麗，彰顯自信。多少生活的無奈，多少光陰的瑰麗，都會在飛舞的髮梢裡，或淡然而逝，或翩然凝思。否則，也不會有那麼多姐妹爲了「掉頭髮」這件事而苦惱了。

愛自己的身體，這是連動物都會做的事，更何況我們是清醒而理智的現代人。我堅信，一個愛自己的女人，肯定愛惜自己的頭髮。那些願意在美髮店花一個下午的時間慢慢洗頭、做造型的女人，那些認眞跟造型師探討臉型、髮型的女人，必定是追求精緻生活，懂得享受人生的女人。

這樣的女人在做其他事情的時候也會有條不紊、追求卓越。相反地，有一些女人藉口「太忙」，沒有時間梳洗打扮，不願意去跟造型師交流，頂著一頭亂蓬蓬的頭髮在烈日下曝晒，甚至用一頂帽子來遮擋油膩頭髮。她們的生活也會是一團亂麻，沒有頭緒。

妳是想把自己定位成秀髮飄逸、髮型百變的女人，還是要定位成不修邊幅、頭髮凌亂的女人？當然了，如果妳覺得頭髮在風中凌亂、頭皮屑在肩頭揮灑也是一種瀟灑的話，那也無可厚非。但是我想，絕大多數主流的姐妹，都是希望自己的「第二張臉」整潔秀麗，爲自己的人氣指數加分吧？

不知妳是否想起了那些久違的畫面：初戀的情侶，人在畫中走，指在髮間遊，長髮隨風飄起，讓人無限遐思……想到此，愛美的妳一定會說：「走，做頭去！」

「太平」照樣當「公主」

要嘛大膽進行豐胸手術，要嘛坦然做個「太平公主」，胸前這點事，說大可大，說小可小，只要妳端正心態，罩杯不會成為妳的心病。

網路上說，人生就是一個個「杯具」（悲劇），那麼，在女人的生命中，「罩杯」肯定是最重要的戲碼了。

做爲女人，誰都有些關於「女人挺好」的私房話，誰都渴望自己在孤立無援的時候可以搖「胸」乞憐。

說到豐胸這件事，我要先爆一爆好友小芊的一劑猛料。讀高中時我們住校，分在同一個寢室，寢室的作息制度非常嚴格，晚上在固定時間會統一熄燈，如果妳洗臉、洗腳、洗衣服這些事沒有在熄燈之前做完，就只能藉著樓道裡微弱的燈光摸黑行動。所以，我們大多數人都雷厲風行，只有小芊不著急不著慌，總拖到熄燈之後再開展自己的祕密「勾當」——豐胸。

這位早熟的美女不知道哪裡搞來的豐胸肥皂，據說效果超級好，她就趁著熄燈之後宿舍全黑了，自己躲在暗處洗呀洗擦呀擦，幻想著第二天自己的「飛機場」就變成小山包。那時最經典的橋段，就是宿舍老大趁其不備伸過去一隻手，掐著嗓子說：「美女，讓我摸摸……」然後就聽見豐胸女慘絕人寰的叫聲，接著就是舍監在樓道裡大聲喊：「哪個寢室的？還不睡覺，亂喊！」

事隔多年，往事卻並不如煙，豐胸女小芊捧著肥皀神聖如仙丹一般的神情至今仍是我們聚會時互相調侃的最好「佐餐菜」。好在，小芊現在不再爲此事煩惱，而是任由「飛機場」平坦著，享受「太平公主」這個雅號。

她說：「有什麼大不了，等生完孩子，自然就會長大了。」

做爲女人，就要有這樣的胸懷。平胸怎麼了？不是流行骨感美嗎？骨感就是穿小號衣服，把自己塞進大號童裝裡，既然要扮嫩、裝蘿莉，那胸不平一點能行嗎？

當然了，有順其自然的心態是好的，非要改變現狀，就得找準策略。當年小芊肥皀豐胸失靈，鬱悶極了。媽媽安慰她說：「妳才幾歲，著什麼急？」算一算，那時我們不過十七、八歲的年紀，還沒參加成人禮呢！拿個不明來路的豐胸產品在身上擦啊擦的，沒出一身斑斑點點已屬萬幸，沒「縮水」更是神靈保佑。

現在算是活明白了，想讓自己「挺好」，「外力」始終是下策，妳想想，在身體裡裝兩個「鹽水袋」，晃來晃去有多難受。萬一感染了、發炎了，妳找誰哭去。至於影響育兒什麼的，專家更是長篇大論來論述物理豐胸的危害，還是不建議大家胡亂嘗試。

實在想隆胸的話，不妨從「嘴」上下工夫，喝鯽魚湯、吃木瓜都是好方法。雖然我沒有切身體驗，但我親眼見證過療效。

大學的室友S女（姑且用豐胸之後的效果來叫她吧），在宿舍大熬鯽魚湯。當時，學生宿舍裡是不允許用電鍋這種電器的，但是絲毫不能阻擋一個渴望豐胸的女孩，冒著被舍監怒斥的危險在宿舍裡煲靚湯。鯽魚一條一條葬送在我們寢室裡，室友的胸部倒眞的一點一點豐滿了起來。

眼見得從B罩杯直逼C罩杯，她洋洋得意，絲毫沒有罷手的意思。另一室友M女羨慕地說：「S，妳一低頭就看到自己那麼漂亮的胸，肯定沒心思寫論文了吧！」

S女另一個嗜好就是吃木瓜。她自己說是愛吃，我們一致懷疑，她根本就是爲了豐胸而吃。據其他人反應，確實有效。我因爲不喜歡木瓜的味道，就沒加入到那個「木瓜幫」，反正，S女上學時做兼職賺來的錢幾乎全部用來買鯽魚和木瓜了。

好了，兩個好友的故事我都抖出來了，趁著她們還沒發現，儘早閉嘴。把這壓箱底的事情拿出來說，就是想跟姐妹們分享一個道理：「太平」照樣能當「公主」。奧黛麗．赫本是全世界公認的美女，可是她並不是什麼波霸。

其實，是不是公主，要看氣質和修養，而不僅僅是看胸圍。

環肥燕瘦，各有各的美

好身材不是衡量美女的最重要元素，正如器型不能決定花瓶的檔次。豐滿的女人也可以穿得精緻、打扮得漂亮，關鍵在於從裡到外散發出的那種健康向上、朝氣蓬勃的力量。

在崇尚「排骨美女」、「紙片人」的今天，胖美眉的日子很不好過。某位女性朋友身高一百七十三公分，體重六十二公斤，算不上「骨感」，但也很苗條了。當我們大讚其曼妙身段的時候，她卻哭喪著臉說：「想穿新一季的美服，還要再瘦五公斤。」

雖然我說過女人要在意自己的身材和容貌，要力爭做個漂亮的「花瓶」，但我也不主張為了減肥而損害健康、放棄快樂。

肥胖跟體質有很大關係，有些美女一天吃五頓再加小吃零食無數也不會發胖，而有些美女多喝一口水、多吃一口黃瓜都會發胖。可是為了維持正常的身體機能，妳必須有足夠的能量攝入，不能讓自己餓出病來。所以，如果妳偏偏就是那個容易發胖的肥妞，也不要緊，乾脆剽悍地說一句：「人生在世，不言體重！」

年輕的時候，很多女人都為減肥付出過代價。當吃過了這些苦頭，才徹底明白「健康」比「骨感」重要。

如果要我向妳推薦減肥的方法，光是我親身試驗過的就難以計數了。

我最瘋狂的時候，嘗試過蘋果減肥法，就是連著三天只吃蘋果、喝白開水，其他的東西一概不碰。

第一天勉強撐住，到第二天眼睛發綠見什麼都想吃，撐到第三天很神奇的是居然不餓了，也不想吃別的，但開始頭暈。

那天剛還好約了朋友去游泳，繞著泳池蛙泳了兩圈之後，我忽然心跳加快，呼吸急促，腸胃抽搐，眼前發綠，就好像游泳池裡生出了水妖在拉我的腳往下沉。我拼命地往池邊游，憑著最後一點清醒意識爬出了水面，同去的朋友看到我面如死灰，都快要嚇死了。不過，我當時並不害怕，反在竊喜，覺得自己挺了三天沒吃飯光吃蘋果，減肥成功了。

到了第四天，按理說我應該恢復正常飲食了，但是，偏偏自虐上癮了，我繼續吃蘋果，而且出現了一種奇怪的現象，肚子不餓，連蘋果都不想吃了，水也喝得很少。

就這樣，我堅持到了第七天，然後就不行了。急性腸胃炎發作，大半夜就被送進了醫院。醫生很納悶，太平盛世，朗朗乾坤，竟然有人被餓成這樣……

這件事的直接後果是，我瘦了三公斤，但是病癒之後養身體，老公一個勁地往我嘴裡塞好吃的食物，體重又全反彈了回來。更要命的是，從那以後我與蘋果斷了緣分，一口都不再吃，到今天依舊如此。

我自爆家醜現身說法，就是爲了跟大家說清楚，別爲了減肥跟自己過不去。如果不是影響健康的那種肥胖症，如果肥肉沒有給妳帶來高血壓、高血脂、脂肪肝、心臟病等症狀，就別去招惹它。

女孩子，富態一點還是招人愛的。爲此，我曾經「拷問」老公，我是不是應該減肥？他說，「胖點好，別減。」我以爲他是討好我、敷衍我，轉向問其他男同學、男同事。不料，他們眾口一致地說，女孩子還是胖一點好。當然啦，總有猥瑣之徒說得直白些：「胖一點，珠圓玉潤，抱著舒服。」

過度減肥對身體不利，其過程也是難熬的。因爲妳身體裡沒有什麼過多的脂肪可以消耗，所以減肥的速度會很慢。越是這樣，妳越是著急，於是想出各種「自虐」、「自殘」的招數加速這個過程，不知不覺就會傷害身體。

從針灸到運動，從瘦身湯到按摩霜，都是要伴著「節食」來做的。我一個好友Q妹，三十歲那年嘗試了一次「灌腸減肥」。五臟六腑恨不得都從肛門掉出來，廁紙用了幾大包，連當月家裡的水費都暴漲。最後，她實在忍受不了那個痛苦，停止了這種恐怖

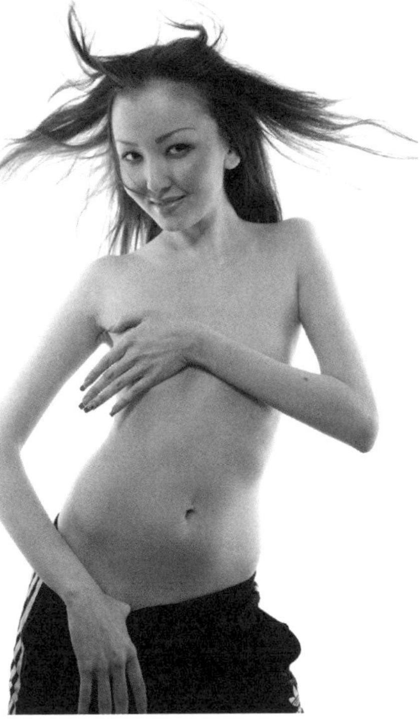

的減肥方法。

胖就胖吧！活得開心就好，別沒事瞎折騰了。妳看那些事業型女強人、女富豪，沒有哪個是瘦到皮包骨頭的。雖然本人離上流社會還有段距離，但是也跟她們略有接觸。家境好、事業愛情雙豐收那些女人，確實有「富貴相」。我不是宣傳命理學說，但是人的面相、五官、神韻、身材，跟他的生活環境、生存狀況確實有關聯。排骨美女想嫁入豪門，其實不那麼容易的，人家管那叫「窮相」。

所以啊，別拿減肥這檔子事欺負自己，該吃就吃，該喝就喝，享受美食那是人生一大樂趣，心寬體胖也是難得修來的福分。

我的一個好友說了：「我把減肥當事業，至今一事無成！」那又怎樣，她甜點、冰淇淋一樣沒少吃，絲毫不以爲恥。

穿美鞋，站好位

腳型不美麗，鞋子幫妳。腿型不勻稱，鞋子幫妳。身高不如意，鞋子幫妳。腳下有一雙做工精良、款式考究的鞋子，托起的不僅僅是妳的身體，還有妳迷人的氣質。

「在這紛紛擾擾的世界，美麗的鞋子是唯一的天堂。」

如果妳一下子就認出這是電影《人魚朵朵》的臺詞，那我們就該握握手啦！如果妳是「美鞋控」，看到美麗的鞋子就走不動路，那我們是不是該擁抱一下呢？如果妳迷上了這句話，那我就算找到知音了。

愛鞋子，愛美麗的鞋子，是女人的天性。「擁有好鞋子的感覺賽過和男人做愛。」這大膽又直白的名言是瑪丹娜說的。電影《重慶森林》裡，金城武用自己的領帶爲林青霞擦她那雙白色高跟鞋時說：「一個漂亮女人的鞋不可以有灰塵。」在大帥哥的鼓勵下，掃一眼我們的鞋櫃，是不是還應該再添置幾雙新鞋？無視老公、男友的抗議，即便抗議了也無效，因爲我們亭亭玉立的身段必須有好的鞋子做「根」才行。

別小看了鞋子，它和女人的社會地位可是息息相關的。中國最有特色的「國粹」之一就是女人裹小腳。纏足具體的起源年代尚有爭議，但是這個陋習被延續了一千多年，主要目的就是限制女人的自由。

現在，這個噩夢已經成爲過去，我們可以隨心所欲地選擇喜歡的鞋子和生活方式，再不會有人強制妳在家裡圍著爐灶轉，充當洗衣機、保姆和清潔員，妳有更廣闊的社交圈子、職場圈子和娛樂圈子。那麼，爲什麼不挑選一雙美麗的鞋子，以最佳姿態漫步人生路呢？

「愛情會逝去，但高跟鞋永遠都在。」《慾望城市》（Sex And The City）中凱莉這句至理名言不知鼓舞了多少女人義無反顧地在鞋店裡刷爆了信用卡。異曲同工之妙的是《人魚朵朵》裡徐若瑄的那一句：「一雙鞋能說多少故事，一雙鞋和一個人陪伴一個人的時間究竟誰比較長呢？」既然男人來來去去不可靠，倒不如讓我們腳下有「根」，踩一雙舒適的鞋子閒庭信步——哪怕它有點貴，哪怕它永遠是「下一雙」。

高跟鞋給我們挺拔的身姿和自信的步態，芭蕾鞋給我們優雅的氣質和公主般的華貴，長靴給我們性感，短靴給我們俏麗，沒有UGG妳不夠時尚，不玩潮鞋妳就OUT，哪怕是冬天家裡的一雙棉拖鞋，都可以做成各種可愛的卡通頭像讓我們心情好到不得了。鞋子，這麼奇妙魔幻的東西，多買幾雙何罪之有呢？

今天，「美鞋」的範疇已經不侷限於高跟鞋，時尚界也開始從人性化角度出發，對鞋跟的要求有所降低。這兩年時尚界流行「基本款」，連帶著鞋子也走平跟路線了。是爲了省材料而不做高跟做平跟嗎？呵呵，玩笑了。不管怎麼說，這對於「美鞋控」們來說都是一條大好資訊。我們不用把腳趾擠得生疼，腿肚子累到抽筋，後背痛到難以忍受了。我們可以穿著二公分的平跟鞋昂首闊步，享受大步走的樂趣。我們不必站在「十公分」的上面「俯視」世界，但這並不代表我們眼界變得狹隘。一雙漂亮的高跟鞋的確有某種化腐朽爲神奇的力量，它能讓一個平凡的女子化身成高貴的女神。但眞正能駕馭高跟鞋的女人並不迷信它，因爲她們心中很清楚，無論是穿上或者脫下，自己的內在都不曾因此而改變。

縱容一下這個小樂趣吧！只要不讓財政狀況惡化，買雙心儀的鞋子有什麼大不了的呢？踩在喜歡的鞋子上，就好像自己登上了喜馬拉雅山，那種征服世界的快感，是老公、男友都不能給予妳的。

鞋子曾經是、現在也是女人征服男人的武器，從現在起，帶著妳的私家武器，上路吧！

「包」羅萬象最迷人

包是女人隨身攜帶的移動城堡，最私密、最貼心的東西都在裡面。包裡有乾坤，包裡有夢想，包裡裝著蛹化成蝶的祕密。

有一陣子，愛上「搜包行動」，在微博和其他網站上看名人的搜包遊戲，也關注雜誌上各種搜包圖片。本著八卦就是一切的基本思想，我還搜了幾個朋友的包。她們也以其人之道還治其人之身，把我的包拿起來也是一陣狂搜。沒什麼，就是好玩。連帶著，透過妳的包，看看妳這人的「另一面」。

對於搜包族來說，看包可以識女人。背哪種款式和顏色的包，包裡裝哪些東西，能看出一個女人的品味和偏好。

妳若不信，打開一個女強人的櫃子看看，所有不同牌子的包都會是一個公事包的款式；再打開一個文藝女青年的櫃子，帆布包必定佔有半壁江山。偶爾，她們或許會心血來潮換換口味，買個新款式嚐嚐鮮，但是過不了多久，那個倒楣的嚐鮮貨還是要被「打入冷宮」。

朋友Q妹有句名言：「錢是女人的命，裝錢的包就是命根子。」某次，Q妹擠捷運遭遇了扒手。小偷無德，偷就偷吧，還用刀劃了Q妹的包。雖然不是什麼大牌子的包，卻是跟了Q妹好幾年的至愛。Q妹曾經弄壞過上面的一個小鈕扣，她抱著試試看的心態去店裡修，不但享受了春風般溫暖的服務，還擁有了全新的搭扣。可是這包偏偏命運不濟，被小偷在「後背」上劃了個大口子，再無修補的可能。

錢包丟了，Q妹顧不上傷心，只知道爲這包心痛了。愛包勝過愛錢，恐怕是無人能出其右了，不過Q妹說了，錢丟了還能再賺，丟了卡也能補辦，壞了包可就再也不能用了。包用了那麼久，上面附著自己的靈魂和味道，被小偷劃了一刀，自己的元氣都跑了一半。

她這話有點危言聳聽，不過愣是讓我們傻傻地感動了半天。那年Q妹生日，一位姐妹還特意到那家店買了款式相同的包送她做禮物。

有時候我想，像我們這種喜歡大包包的人註定是「勞碌命」吧？書、筆記本、雜誌、報紙、手機、錢包、筆電統統要帶著，包不大怎麼行？像Q妹那種人，甚至還會在包裡帶備用絲襪（以防身上的那雙臨時被刮壞出糗）、折疊小傘、化妝包、數位相機、衛生棉……幾乎女人用得到的「家私」，都能在她的隨身大包裡找到。最神奇的一次，她竟然從包裡掏出一雙球鞋！我倒是佩服那個小偷，能夠在擁擠的人群裡從容地劃破她的包並且準確地找到錢包。

背大包的女人是一道風景，帶著強勢幹練的姿態，擁有自信堅強的氣質。像《心動的感覺》裡的蘇菲．瑪索，那個追求事業、重視學業，又渴望愛情的女大學生。

背小包的女人是別樣一種風情，小巧玲瓏的包是她精緻的點綴，背在臂彎，或是拎在手中，都有小家碧玉的婉約嬌媚。配上復古風的旗袍，或是西洋風的淑女裝，都擋不住那一股迎面而來的溫婉韻味。

最近還流行手裡拿著小手包，肩頭再來個大包，粗中有細，豪放中有柔情。有的辣媽肩頭背大包，手中抱baby，更是一道獨特的景象——即便包裡裝的是奶瓶和尿布，也別具情趣。

包外面是一個花花世界，包裡面是一個微型乾坤。誰說女人的心難猜，只是男人們沒留意過罷了。我們不停地買包，看到美包就邁不動腳步，只因爲我們太愛這個包羅萬象的世界了。

穿衣選對的，不選貴的

小清新有小清新的路子，魚乾女有魚乾女的風格，敗犬女王有敗犬女王的選擇，蘿莉和御姐也各有千秋。只要找對了屬於自己的那一款，妳就是萬裡挑一的可人兒。

相信很多姐妹跟我一樣，在街邊店鋪大櫥窗裡看到漂亮的衣服、鞋子、首飾就兩腿灌鉛邁不動腳步。可是，那些國際名牌服飾，一件就得花掉我們兩、三個月的薪水，實在不是尋常消費的選擇。

做爲平民美女，想妝點出屬於自己的美麗，最好的辦法就是穿衣選對的，不選貴的。

我有一個好友，是「大剌剌」的性格，用她自己的話說：「闖蕩江湖，最討厭矯揉造作、扭扭捏捏的人。」平日她的穿衣風格一般都是「波西米亞」風，寬寬大大，鬆鬆垮垮，雖然衣服的價格不菲，但乍一看永遠都是地攤貨。

她的老爸更是語出驚人：「閨女，妳薪水很高，就不能買套像樣的衣服穿嗎？」

偏偏就是這樣一個痛恨矯揉造作的女人，遇到了一件必須矯揉造作的事。

某次，老公要參加一個典禮，做爲夫人，她也必須非常隆重、非常正式地出席。

這可怎麼辦？她十萬火急地把我們幾個好朋友召集到她家，把能帶的衣服全都帶過去供她挑選。

S女說，租件禮服吧！她說，那多髒啊！

M女說，妳咬咬牙去買一套。她說，就為一次典禮，不值得花冤枉錢。

A女說，穿職業套裝怎麼樣？她倒是有兩套，穿上對著鏡子看了半天，我們齊刷刷搖頭——怎麼越看越彆扭呢？衣服尺寸對，顏色對，但和典禮的要求不搭，完全抹殺了這位美女的特有氣質，怎麼看都不對路。

她常年只穿棉麻料寬鬆褲裝，不講究身型，身體輪廓早就已經跟那些款式的衣服融為一體，而且穿慣了寬鬆的衣服，不知不覺腰間有了「游泳圈」。現在讓她穿線條優雅、裁剪有度的套裝、禮服，就像靈魂裝錯了軀體那麼難受。

從Chanel到Prada，從Dior到YSL，十幾件名牌衣服攤了一床，硬是沒一套合適的。

女主人正要發飆，R女忽然靈光一閃，拉出她衣櫥裡唯一一條及地的黑絲

絨長裙。配上她在土耳其買的多彩原生石製成的超大款項鍊和耳環，外裹一條雲南麗江純手工編製的民族風大披肩，襯得她黝黑緊實的皮膚閃閃發光，竟然美的不可方物。

這件事給我印象極爲深刻。以前，我特別信那些「穿衣指南」、「淑媛風範」之類的工具書，盡量照著上面把自己打扮得像一朵美麗塑膠花。我還嘗試給自己化不同種類的妝，希望眼睛看起來大一點、鼻粱看起來高一點，總之，就是照著模特兒畫嘛！結果，妝化得不錯，但總覺得鏡子裡的那張臉非常陌生，就像戴了臉譜一樣，演的是別人的角色。

經過這件事之後，我把大部分化妝品都送人了。什麼煙燻妝、彩妝，都讓那些適合的人去化吧！簡單妝、基本款才是我的路線。也只有根據個人風格來穿衣打扮，才能襯托出自己獨特的氣質。

每個女人都是這世界上獨一無二的風景，要找到屬於自己特有的那種美好氣質，並把它挖掘出來，發揚光大。

要品質，沒商量

衣著服飾是有靈魂的，穿戴久了，會融合到妳的磁場裡，滲透到妳的身體和靈魂中。所以，女人購買服飾可以不買名牌，但是一定要保證品質。

小時候讀《紅樓夢》，最直觀的感受就是羨慕裡面的奢華排場，公子小姐的錦衣華服讓人想入非非，石青刻絲灰鼠披風、大紅洋縐銀鼠皮裙、縐綢對襟珠扣襖……雖然影視劇導演們煞費苦心，想讓我們在螢幕上看到這些衣物的珍品，卻依舊跟不上我們想像的翅膀。

賈寶玉的身分地位用這一件「雀金呢」的氅衣就凸顯出來了。我們呢，要用怎樣的服飾來凸顯我們獨特的身分和地位呢？千萬別說妳沒身分，也別說妳沒地位，正是因爲我們都沒身分沒地位，才要用品質好的東西給自己裝門面。

請注意，所謂品質好，並不等於名牌。很多大牌用料並不是一等一的好，某國際品牌，就一個帆布包上加個ＬＯＧＯ，就賺妳幾千大洋。就算不付現金，刷卡之後、還款之時還是心有不捨的。如果妳是二十來歲的小姑娘，不會算計，追著大牌跑，倒也情有可原。可是當我們年齡逐漸增大，越來越崇尚「低調奢華」的時候，再追著明晃晃、金閃閃的招牌跑，實在沒必要了。

女人在二十歲左右重「面子」，三十歲之後，得把重心轉移到「裡子」上來。

裡子是什麼?是品質。

衣服、鞋子、化妝品都要講究品質。品質的區分需要我們在日常生活中學著用智慧去判斷。

大學時代，我跟好友一起去逛街買鞋子。以前在家，這種事都是老媽跟著當參謀。後來出去「闖蕩江湖」，這些事只好自己解決。閨中密友看好一雙鞋子，問了價，覺得貴。

老闆說：「純皮的，上好質地，這個價錢不貴。」

閨中密友轉臉小聲問我：「這是皮的嗎?我怎麼覺得像假的。」

我也拿不定主意，只好搪塞說：「我不會區分，就算我知道是皮的，也不知道值多少錢……」

那老闆說：「小姐，妳們都多大了?連雙皮鞋都不懂得挑，一點都不知道臭美哦!」我倆好歹也是學校辯論隊的種子選手，這時候卻只想在地上找個縫鑽進去。

從那以後，我們都洗心革面，發誓要做品質專家。我的好友更差點沒改了專業方向去皮革廠，而我也是苦唸穿衣經，生怕再被商家恥笑。現在，好友的衣櫃、鞋櫃趕上我的書房大了，大牌包包鞋子充斥其中。我雖不才，卻也不至於爲鞋子是眞皮還是仿皮的而爲難。

我之所以把自己私家珍藏的糗事拿出來曝光，就是想跟姐妹們說，學著分辨質料、品質很重要。不要迷信名牌，有一、兩件妝點門面，在必要的場合拿得出去就可以了。沒必要每只鑽戒都是海瑞·溫斯頓（Harry Winston），每個包都是路易·威登（Louis Vuitton）。但也不能像莫泊桑小說《項鍊》裡的羅塞瓦德夫人那樣，和老公參加宴會還要向別人借項鍊。

拿衣服來說，好品質的衣服是有靈性的。優質的面料、合體的剪裁、細密的針腳、精緻的做工，這些元素統統具備了，穿戴在身上，能產生良好的互動，整個人也會顯得精神飽滿，容光煥發。

我二十來歲的時候，喜歡去批發市場逛，圖便宜嘛，買好看、時髦的衣服來穿。現在我不再做那種事了，不光是因爲經濟寬裕了，更是因爲那些淘來的衣服太容易變形、褪色、出毛病，洗過水就再沒了生氣，偶爾穿一次也會覺得彆扭。

畢竟，我沒有那天生的模特兒氣質，還是要用好品質的衣物來妝點一下。

Chapter 3

思想前衛｜女人有腦才有福

女人要幸福，就要懂得充實自己的腦袋，
別讓瑣碎繁雜的小事擾亂心智。關注潮流資訊，走在時尚前端；
多讀書，少八卦，提升品味，
減少時間和資源的浪費。憑藉女人天生的敏感和細膩，
誰都能夠譜寫出無限多的「超可能」。

進步吧，「假想敵」在看妳

時代在進步，大家也都在進步，誰不主動進步就會遭到淘汰。我們女人要發揮敏感的天性，捕捉時代前端最新的資訊和知識，用來豐富我們的大腦，改善我們的生活。

「最近比較煩，後面一班天才追趕，想寫一首皆大歡喜的歌眞是越來越難。」李宗盛大哥這樣唱道。連他這個音樂才子都有了近乎江郎才盡的感慨，我們是不是也得有點緊迫感呢？

有這樣一個說法：「女人都是聖誕樹，最美不過二十五。」無情地揭示了年齡對女人的威脅。特別是在我們這樣一個人口眾多、競爭尤爲激烈的社會裡，女人如果缺乏危機感，跟不上時代發展的節奏，很容易就被淘汰出局。

該如何是好呢？老辦法一句：勤能補拙。

有人總結了這樣一道公式：成功的女人＝漂亮＋智慧＋勤奮。

若想要等號成立，三者缺一不可。不過這道公式也不是無懈可擊的，因爲前兩項是可以經由後面的「勤奮」來彌補的。

我們常說「沒有醜女人，只有懶女人」。有些女人並非天生麗質，她們的美麗也可以透過後天的勤奮獲得。比如大S，跟其他圈中好友比起來，並不是最漂亮的，但是她經由自己的勤奮保養變得白嫩嫩、水靈靈，甚至成爲了「美容大王」。這樣的成就，與她的高標準、嚴格要求是分不開的。演藝圈人才輩出，更年輕的、更漂亮的新人層出不窮，如若自身不努力，很快就會被取代。大S憑藉自己的勤奮和智慧在綜藝舞臺上站穩了腳跟，這是值得很多年輕女孩子借鑑的。

在今天這個飛速發展的社會裡，女人的思想一定要跟上時代的腳步。我身邊的那些朋友，事業和家庭都算在內，最成功的，絕不是最聰明、最漂亮的那個，而是最用功的那個。因爲她們知道自己不如別人漂亮、不如別人聰明，所以更加勤奮、更加具有危機意識。

我的好姐妹李燕就是一個典型的例子。大學畢業後，她進了電視臺做編導。那是一個大家都羨慕的工作，我們都認爲她可以衣食無憂了。但李燕卻有自己的打算，她認眞分析了自己在那個位置上的優勢和劣勢，如果一直做下去，她能成爲資格最老的編導，按照上司的要求做出一期又一期的節目，但是很難有更大的進步空間。

做了兩年編導之後，李燕果斷轉行，進了廣告業。這意味著她告別穩定的收入，靠抽成和效益來賺錢。但是李燕的思路非常清晰：做廣告在外面跑一跑，拓展自己的事業，累積更多的人脈，學到更多的東西。口袋充盈固然重要，腦袋充盈才會大有收穫。

後來的故事證明李燕很有遠見，她原來的部門裁併，與她同年進去的同事都被迫轉到其他邊緣部門，而李燕在廣告部已經做得如魚得水，不但薪水待遇上有大幅攀升，事業上又找到了新的平臺，正打算創辦自己的廣告公司。

李燕有一句常掛在嘴邊的話：「邁開腳步，調整思路，在變化發生之前主動求變。」只有這樣才能手握先機，掌握主動權，不至於在危機到來的時候才給自己尋找退路。

時尚女王可可．香奈兒，也是一個主動求變、積極進步的女人。她在孤兒院裡長大，學到了一手紮實的縫紉技術。十八歲時，她到鎮上的裁縫店當助理縫紉師，從瑣碎的工作做起，最後形成了自己簡單、俐落、前衛的服裝風格。

按照當時的觀念，女人到了一定的年齡就該找個男人結婚過日子。但香奈兒的選擇卻是另類而大膽，她不願成爲男人的附庸，想利用自己的所學開闢一片新天地。她開辦服裝店，親力親爲，使服裝樣式不斷翻新，最後成爲潮流的引領者。

大部分女人，在二十幾歲的時候沉迷於夢幻，三十幾歲的時候慨嘆生不逢時，逐漸沉淪到瑣碎的日常生活中去。

她們之所以與成功無緣，是自己停留在一個「舒適區」，不思進取。她們覺得可以不必那麼辛苦，「在家靠父母，出嫁靠老公」，以爲自己可以像灰姑娘那樣輕而易舉地得到王子的終生呵護。但現實往往就是那麼殘酷，當妳美夢正酣，妳的王子很有可能把丘比特之箭射向另一個更年輕、更漂亮的女人。

妳年華不再，青春已逝，看似輸給了別人，其實是輸給了自己。

因此，女人永遠都要有一個「假想敵」，她比妳聰明、比妳漂亮、比妳年輕、比妳有手段，能輕而易舉搶走妳的一切。但是，這個「假想敵」唯獨無法搶走妳的智慧，只要妳勤奮努力，時刻保持著前進的姿態和步伐，一定會比她先一步贏得勝利。

妳才是最重要的投資專案

也許妳剛開始職業生涯，也許妳已經是工作多年的老手，但無論怎樣都要記得時常給自己充電、加油，要捨得在自己身上投資。當然，添置新衣服和化妝品也是一種必要投資，因為才智和美貌都是女人必不可少的資本。

投資不僅僅是拿自己的錢去證券交易市場開個帳戶，也可以是爲了某項回報而事先做出支付，得到的收益大過先前的付出。我們的人生定位，可以用這樣的思路來實現。

有一些女孩很有擔當，剛剛賺到一點錢，就急著回報父母、供弟弟妹妹讀書。我不是反對這樣的愛心，而是勸大家先打理好自己的生活，再承擔起養家的責任。如果妳不跟父母一起住，甚至和父母生活在不同的城市，開銷肯定要比父母大得多。不僅如此，女孩子一人在外也有更多讓人擔憂的顧慮。所以，住所絕對不能貪圖省錢而選擇太偏僻的地方。離家在外的話，食、衣、住、行都要自己照顧自己，萬一生病了，或者發生其他緊急情況需要用錢，而存摺裡沒有充裕的儲備，妳會過得很痛苦。這樣算下來，在最初工作的階段，妳根本無法從微薄的薪水裡拿出太多奉獻給家裡。

因此，我奉勸各位姐妹一句：當妳的經濟基礎還不夠牢固的時候，不要急著去幫助別人。

不依靠男人，不急著貼補家用，那麼，賺到的錢做什麼呢？往自己身上投資。沒錯，只有妳自己才是最重要的投資項目，只要妳合理操作，只賺不賠。

我的同學孟玲來自鄉下，父母希望她能夠早日工作賺錢以貼補家用。但是，她卻堅持讀大學，靠著獎學金和打零工維持自己的學業。兩年後，她的弟弟也考上了大學，家裡再沒有能力負擔兩個人的學費，重男輕女的父母就勸她休學，把省下來的學費拿出來給弟弟用。沒想到孟玲卻堅持她一定要將學業完成，但她願意把繳完學費後所剩下的餘額給弟弟用。無奈之下，父母最後還是東湊西借幫弟弟繳了學費，而孟玲卻背上了「自私鬼」的惡名。

辛苦地完成了大學學業後，孟玲成爲了一名護理師。

六年後的某一天，她把鄉下的父母接到城裡小住，父母驚嘆女兒竟然買了這麼大的房子。孟玲笑笑說：「我暫時還買不起房子，但是付租金是不成問題的。等我找到合適的地段再購屋，到時候你們就可以搬到城裡跟我住在一起了。」

父親驚訝地問：「妳怎麼會存了這麼多錢啊？」

孟玲神祕地說：「我是靠做生意發的財。」

老人當然不明白孟玲的意思。其實，她說的「做生意」，就是投資自己。如果她拿不到大學文憑，就不會成爲高級護理師；沒有高級護理師的頭銜，她的薪水就遠遠達不到現在的水準。說來說去，她就是不斷提高自己的價值，讓自己成爲勞動力市場中一個ＣＰ值非常高的「商品」。

現在看來，孟玲是一個非常有頭腦的女孩，她在大城市裡站穩了腳跟，過上了富裕的生活，有了感情穩定的男朋友，即將步入婚姻殿堂。弟弟也在她的幫助下順利完成了大學學業，找到了不錯的工作。

父母逢人便說，自己的女兒「命好」。實際上，老天給孟玲的這副牌並不好，但是她把牌玩得很精彩。孟玲懂得在自己身上投資讓自己升值的道理，最終贏得了勝利。

近年來，社會上流行一種把嫁人當成投資的觀念，要找「績優股」老公，穩賺不賠；再不濟也得找個「潛力股」老公，讓他慢慢升值。好像自己就是一個籌碼，投資到未來老公上就能得到收益。結果呢？「賺」了固然高興，更多的人則是哭哭啼啼認爲自己嫁「虧」了。

倒不如，把整個人生看成一次又一次投資，只不過，是把原本送給別人的金錢投資在自己身上。例如，不拿第一個月的薪資給父母添購新衣，卻下定決心報名參加計畫已久的英文課程；不陪男友看足球比賽，而是積極參加公司的業務培訓。這麼做，可能會被父母、朋友誤解，甚至背上「自私鬼」的惡名，但是等妳的投資得到了回報，給他們帶來更多好處的時候，他們還是會笑著誇妳是個精明伶俐的聰明女人。

用專業知識充盈大腦

在家的女人要擅於持家，在職場的女人要擁有一項技能，讓自己成為價值含量高的職場人。因此，女人需要儘早在大腦裡建立起一個專業知識系統。這樣，無論家裡家外都是不可輕視的角色。

很多女孩子從校門出來時，滿腦子都是各種學說、理想，專業知識卻很匱乏。要想在職場中佔有一席之地，必須有過人的本領才行。

換句話說，妳必須「博」與「精」相結合，「精」是最主要的，「博」則是多多益善。博，是指對社會科學、自然科學知識的廣泛涉獵，開闊眼界，擴大知識面；精，是指在自己的專業或本職工作範圍內，盡量掌握精尖的知識。

博與精的結合，就是所謂的T型知識結構。一個人要有自己特別精通的領域，能夠獨當一面，否則就難以在所進入的領域有所作爲；只精不博，又會使自己過於單薄，難以適應日益複雜的社會生活。因此，無論在校學生，還是在職人員的學習，都應該適應這種需要，使自己成爲具有T型知識結構的複合型人才。

很多人感慨，進了職場之後才發現自己以前學的知識基本用不上，跟專業也相差十萬八千里。有的人甚至做了和自己所學專業相去甚遠的工作，只有「惡補」專業知識，才能適應職業要求。

吳士宏女士從ＩＢＭ跳槽到微軟之後，就曾經惡補過「數字」課。微軟的年中總結和年底總結都是厚厚的幾十頁數字表格，管理風格上也都是量化數字化，很多東西都用數字去衡量。而吳士宏從小就害怕數字，看到表格就暈，但是沒辦法，爲了做好工作，她就得強迫自己去看，睡前熄燈的時間也用來看表格，看得自己直犯噁心。後來，她終於熟悉了這種報表方式，並且嫻熟地運用到工作中。

一個初識的朋友陳暄，她的身分是酒吧演出的歌手，而且是樂隊主唱。

朋友向我介紹她說：「這位是陳暄，著名建築師。」

我懷疑自己的耳朵出了問題，滿臉疑惑。陳暄卻笑著說：「沒錯，我本職工作就是建築師，唱歌僅僅是業餘愛好。」

我盯著她挑染的頭髮和龐克的裝扮，好奇地問：「看妳在舞臺上遊刃有餘，表演那麼熱情，我還以爲妳是專業歌手。」

陳暄笑著說：「像妳這種以貌取人的可不在少數喔！」

原來，陳暄做建築師已經十餘年了，並且擁有自己的公司。她回憶說，自己剛剛做工程的時候，因爲個子小，又是女性，常常被瞧不起。但是她個子小腦袋卻不空，對專業知識十分精通，對本行裡的各項規則也瞭若指掌，很快就用自己超強的專業能力「震懾」了對方。她有高超的談判技巧，談判的前幾分鐘就能用專業知識懾服對方；不管什麼時候到施工現場，只要看一眼，她就知道從地面到天花板的高度和圖紙上規定的差幾公分。陳暄精準的目測能力和對業務的把控能力，讓同行們對她刮目相看。

說這些的時候，陳暄語氣裡沒有一絲炫耀的成分，只是當作八卦笑料來說，可是我分明能夠感受到這個瘦小身軀裡蘊含的超大能量。那是專業知識帶給她的自信，那是話語權帶給她的得天獨厚的優越感。

一個女人，不是因爲手握財富而驕縱，不是因爲地位高高在上而藐視眾人，而是因爲大腦中有無窮無盡的知識做她強大的後盾，所以她可以不急不緩，步步爲營。

勝券在握，就是這樣一個道理。

清代中興名臣曾國藩曾經教導廣大青年說：「用功如掘井，凡事皆貴專。」他在致家中諸弟的信中就此論道：「凡事皆貴專。求師不專，則受益也不入；求友不專，則博愛而不專。凡事皆貴專心，有所專宗，而博觀他途，以擴其識，亦無不可。無所專宗，而見異思遷，此眩彼奪，則大不可。」

曾國藩的話道出「專」與「博」兼顧的方法，立足於「專」，在此基礎上追求「博」。換句話說，職場中的人，不管學的是什麼，一定要有自己的專業技能、看家本領，那是妳安身立命的眞功夫。有這樣的專業基礎墊底，再觸類旁通學習更多的知識，開闊自己的視野，則有助於妳更上一層樓。

曾國藩自己正是這種做法的受益者，他擅長「打仗」和「做官」，這是他的「專」之所在。此外，他又是一位出色的詩人、作家，他的家書有內涵、有文采，成爲後世效仿傳誦的經典。

雖爲女人，也要借鑑男人的成功之道。

從學習能力上看，女人絲毫不遜色於男人，而且，女人的專注度、敏感度、接受能力等都要強於男性，更容易迅速掌握某個領域的知識，將其吃透。所以，如果妳想當中國的鄧肯，就先做優秀的舞蹈演員；妳想做第二個陶晶瑩，就先做出色的主持人。

有「拿手好戲」的女人，才會成爲舞臺的主角；懂得用心去演戲的人，才會成爲銀幕上永恆的經典。

愛學習的女人最好命

以知識為給養的女人是無敵的。不論是經濟、英文，還是做飯、織毛衣，都需要我們用心學、認真學。

學習是一通百通的事，如果能專心學好一樣，那麼學另一樣就不會很難。

身爲女人，很危險的一句話就是「我就這樣了」，透著不思進取、得過且過的味道。

雖然「知足常樂」是一種好心態，但它只適合用來自我安慰。

時代發展這麼快，我們每個人幾乎都是被裹挾著往前走，不進則退，當大家都趕著、搶著往前去的時候，誰能氣定神閒地說「我就這樣了」？

要學習新東西，更新自己的大腦；要掌握新本領，跟上時代的腳步。全世界幾乎每時每刻都在誕生新名詞和新知識，只有善於學習、勤於學習，才不會掉隊。

那些事業愛情雙豐收的「完美女人」，都有著非凡的學習能力和學習興趣。她們學得多、學得勤、學得快。

ＭＴＶ電視頻道的中國區總裁李亦非，有個綽號叫「字紙簍」，就是因為她喜歡看書，喜歡學習，各種知識都是她貪婪汲取的營養。

還有一個著名的「學習狂」是著名電視人崔慈芬，她擁有十五年電視工作經驗，擔當電視臺的晚間新聞主播長達十年，曾兩次獲得電視界的最高榮譽「金鐘獎」。

有人說她是「狂熱學習分子」，崔慈芬說：「拜託，不要把我說得那麼可怕！」但是對於她來說，學習真的是一種與生俱來的需要，是一種習慣的行為和姿態。

應了「要出名趁早」那句話，崔慈芬在大學三年級時就已經戰績輝煌，她順利考進電視臺，像八爪魚一樣到處「伸手」，兒童節目和社會節目中都有她的身影，她還是一名在校生的時候，就獲得了金鐘獎最佳主持人稱號。

畢業後，崔慈芬順利地進入電視界發展，成為光彩照人的主持人。然而，僅僅兩年之後，她做出了一個讓所有人瞠目結舌的決定——赴美國攻讀大眾傳播學碩士學位。

她說：「我清醒地意識到自己若想長期維持良好的口碑和知名度，必須不斷進修，獲取新知識。」

這次的學習果然取得了很好的「鋪路」效果，學成歸來後的十年，崔慈芬可以說是一帆風順，取得很多令人豔羨的成績。她事業穩定，家庭和睦，所有人都認為她即將「安穩」下來，恰恰是在這個時候，她又下了一個重大決定：到大陸求學。

當時，崔慈芬的丈夫在上海打理生意，兩個孩子在上學，而她獨自到北京，到人民大學讀博士班。

人到中年還願意付出這種代價，崔慈芬對此解釋說：「學習知識是一個方面，我需要開闊視野，累積人脈，藉此讓事業上一個新臺階。」

在現實生活中，大多數女孩都有「不愛學習」的毛病，幾乎大學畢業之後就不怎麼讀書了，這恰恰是女人的大忌。

妳要知道，現在社會的經濟體系是知識性經濟，學習是日常活動和生命的一部分。遠了不說，最近二十年，辦公設備都更新汰換了很多，妳要學習使用最新的辦公軟體和作業系統、使用ＧＰＳ導航定位裝置、用google檢索最新的專業知識和相關資料……不學習，怎麼行？

好吧，即便妳不想成爲職場精英，妳的家境好、老公好，妳可以不去學習那些枯燥的技術和理論。難道在日常生活中就不用學習新東西嗎？我們的電腦、電視機、電冰箱、洗衣機、微波爐、手機……等等，哪一樣不是日新月異？僅僅一本說明書，也夠我們「學習」好一陣子的。

我認識一些「全職主婦」、「中產閒婦」，她們擁有良好的經濟基礎，不需要到職場中拼殺奔波，事業方面沒有什麼追求，但是，她們的日程表都安排得滿滿的，儼然是一張「課程表」。

桃子今年三十一歲，先生是知名外商高階主管，她在職場打拼了幾年之後「回歸家庭」相夫教子。

我們不妨看看她這一天是怎麼過的：

六點鐘，是桃子的起床時間，她會親手爲先生準備好早餐。

七點鐘，先生出門，桃子再準備好兒子的營養早餐。

二十歲的時候，桃子曾發誓一輩子不進廚房，可是成了全職太太之後，她忽然小宇宙爆發，開始學習烹飪。桃子買來各種菜譜，細心比較，動手操作，她還泡在各種美食論壇、美食家部落格上取經，理論和實踐互相對照。桃子還記得，她烤的第一個麵包是黑漆漆、硬梆梆的一團，被老公嘲笑了好一陣。但她毫不退縮，拿出當年職場拼殺的勁頭來，烤了第二個、第三個，直到麵包的香氣四溢，填滿整個屋子。

有了孩子之後，桃子從給兒子泡營養米糊開始，逐漸成爲廚藝精湛的美廚娘。如今，兒子如果早晨吃不到媽媽做的飯，都不肯去幼稚園。

下廚，並不是桃子的全部「課程」。把兒子送到幼稚園之後，她就直接去朋友開的書店。那裡定期舉行小型讀友會或者作者見面會，桃子是這些活動的主要策劃人之一。策劃主題、邀請嘉賓、互動環節設計、品牌宣傳等一系列活動，都由桃子擔當主力。

朋友開玩笑說：「桃子，妳是我的免費品牌設計顧問。」其實，在此之前，桃子從來沒有接觸過此類活動，更別提什麼品牌設計了。爲了做好這些事，桃子讀了很多相關書籍，不管是專業課程，還是通俗讀本，只要是相關的知識，她都找來研究，然後實際運用到朋友的小書店中來。

桃子還認眞學習了出版相關的知識，跟若干出版機構的負責人成爲朋友，進入了一個完全陌生的領域。

如果書店沒有特別的活動，下午就是桃子的「充電」時間。她會泡在書店裡閱讀親子、家庭教育方面的書籍，一邊讀書一邊做筆記，再結合自己養育孩子的實際情況，寫成「育兒心得」，放到自己的部落格上面。她的部落格已經有很高的瀏覽率，在朋友圈子裡她算得上半個「育兒專家」。

有人會說，桃子是「好命」，有大把的時間去學習、消化、做自己喜歡的事，我們大多數人還要爲生計奔波，哪有閒工夫學習呢？這種想法正是我們進步的最大阻礙。

對於成年人來說，很難找到整段的時間去學習，不可能再像學生時代那樣拿出大量的時間來紮紮實實地學習書本理論。我們能做的，就是擠出零碎時間，等車時、等人時、搭捷運時……把看肥皀劇的時間用來學習有用的知識，把休閒娛樂的空檔拿來豐富我們的精神世界。無形當中，妳會養成一種快速學習的能力，能在最短的時間內掌握最多的知識。

年代不同了，「女子無才便是德」的古訓早就被顚覆了，女人要有思想，要讓大腦豐腴，才能擁有更美好的生活。

讓時間成為貼心密友

如果妳已經不習慣戴手錶，那就把電腦、手機的時間都撥快五分鐘吧！這可不是讓妳盼著早點下班，而是提醒妳凡事「往前趕」，不要養成拖拖拉拉的毛病。

在諸多女友中，Q妹和珍珍屬於截然不同的兩種類型，Q妹個性急躁、潑辣果斷，走到哪裡都要刮起一陣小型龍捲風——不知道的還以爲她練了什麼無影神功。相反地，珍珍則是任何時候都一副氣定神閒的姿態，說話不疾不徐，走路穩穩當當，舉手投足就像是王家衛的電影。但神奇的是，所有事情她都在規定時間內完成，不管是工作，還是家務。

每次好友們開「內閣」會議，Q妹和珍珍都是互相揶揄的對象，Q妹說珍珍是半老「徐」娘，珍珍說Q妹是腳踩風火輪的女哪吒。兩個人鬥嘴不分高下，最後總還是由我來做和事佬息事寧人：「好啦！妳們各有千秋，不過是時間分配不一樣罷了。」

從個人偏好的角度來講，我更看好珍珍。珍珍在政府機關任職多年，養成了一種不急不緩、慢條斯理的個性。因爲各種事情都要一級一級請示，逐層逐層批示，急性子的人是很難熬的。但是在機關工作的人，都有驚人的統籌能力，因爲各種事項都要因循章法，所以，珍珍有很強的邏輯能力，思考

事情很周全。

Q妹工作了幾年之後自己創業開店，又是老闆娘又是員工，很多事情必須親自上陣。時間就是金錢，效率就是效益，任何人在她眼中都是「慢半拍」，她總想在別人屁股上踢一腳，督促人家快點行動。

珍珍建議Q妹說：「妳眞的不用那麼急，把時間安排好，什麼事都耽誤不了。妳開個小店就忙得腳踢後腦勺，若是當了大企業CEO，豈不吐血身亡了！」雖然是玩笑話，卻十分恰當。

由此可知，合理安排時間是聰明女人必須具備的素質。否則，工作上的事情，家裡的事情都混在一起，豈不是很容易就累垮？

說到時間安排，就不得不提那個著名的實驗。想像妳面前有一個鐵桶、一堆大石塊、一堆碎石、一堆細沙，還有一盆水。用什麼方法才能把這些東西盡可能多地裝進桶裡？不同的人會有不同的方法，裝進去的東西多少也不一樣，這就是效率問題。

最佳辦法是：先放大石塊；當鐵桶「裝滿」之後，再放碎石，碎石就會沿著石塊之間的空隙進入鐵桶；鐵桶再次「裝滿」之後，再將細沙填入縫隙裡；最後，如法炮製，將水倒進鐵桶。這樣一來，鐵桶裡的每一寸空間都被充分利用起來。

同理，試著把妳全部可以利用的時間想像成這個鐵桶，妳需要處理的各種事務就是需要放進鐵桶的石塊、碎石、細沙和水。它們分別代表重要但不緊急的事務、重要又緊急的事務、緊急但不重要的事務、不緊急不重要的事務。參考下面這個表格，可以讓妳把「鐵桶」的空間得到最充分的利用。

	緊急	不緊急
重要	危機 急迫的問題 有期限壓力的計畫	發掘新的機會 規劃 改進產能 建立夥伴關係 防患於未然
不重要	不速之客的接待 某些郵件、檔案、電話的處理 某些會議的出席 某些必要而不重要的會議、活動	一些可做可不做的雜事 一些不必要的應酬 有趣的活動

當妳覺得手忙腳亂、一個頭兩個大的時候，不妨參照這個表格，把眼前的事務一一歸類。這樣妳就會把有限的時間和精力有針對性地分配到性質不同的事務中去。

除此之外，也許妳已經發現了另外一個竅門：爲什麼不能把「石塊」打碎，成爲「碎石」呢？也就是說，一個看起來複雜龐大的問題，我們可以把它直接敲開來分別解決。很多看似「重大」的問題，都是由一些環環相扣的細節問題連接而成，當我們靜下心來化整爲零，就可以讓它變成若干更易解決的問題。無形當中，就節省了我們的時間。

時間統籌方法的運用範圍很廣，絕對不限於職場中。從某種意義上來講，現代女性肩負著更重的任務，既要進入職場工作，賺錢分擔家裡的經濟負擔，又要打理家務照顧老公和孩子。時間往往被分割得所剩無幾，幾乎沒有屬於自己的休閒娛樂時間。

越是這樣，我們越要開動腦筋，把工作、生活、公事、私事分門別類安排好，有技巧性地分配時間，盡可能多地給自己留出放鬆、充電的機會。

別擔心，這並不難，我們的聰明睿智，只要多加練習、多多動腦就能掌握這個小技巧，一定能做個時間管理的高手。

關注時尚，自助減齡

女人不能做時尚的奴隸，要做時尚的主人，讓時尚為我所用。時時吸納最新的時尚元素到自己的生活中，青春永駐就不是幻想。

花苞頭或者鮑伯頭；海魂衫或者印花T恤；裸妝或者小煙燻；高跟或者平底芭蕾鞋……時尚風向一年轉一個方向。那些跟著跑的人，往往會覺得自己變年輕。

若是哪個女人對時尚絲毫不關注，那可就眞的是「老」了。

我們願意老嗎？不。除了財政大權，女人最想抓在手裡的大概就是青春了。如果說身分證上的出生日期不能改，如果說心智在風刀霜劍的生活中變得堅韌，那麼最能幫我們「減齡」的，莫過於對時尚的關注了。

時尚是一個很奇怪的東西，它很物質，但又與精神密切相關。我堅信女人跟時尚有著密不可分的關係，似乎骨子裡天生就有對色彩、圖案、款式的敏感度。國際大品牌新品發布之後，立刻就會出現鋪天蓋地的仿製品——我們不從商業道德的角度來看這件事，我們從「愛美之心」的角度看，漂亮的、時尚的東西，逃不過一雙雙愛美的眼睛，因爲太喜歡，因爲太嚮往，買不起「眞貨」，乾脆買個仿製品過過癮。

小時候，鄰家住了一位姐姐，當時的她不過十五、六歲的年紀。那時剛剛流行穿牛仔褲，大家都對這種緊包屁股、塑身效果奇好的服飾趨之若鶩。那位姐姐也不例外，買一條穿在身上向朋友們炫耀。「虛榮」掛在那張青春的臉上，原本平淡無奇的一張臉居然變得灼灼生輝。無奈，那位姐姐的父母是「老頑固」，絕不同意女兒穿那樣「傷風敗俗」的褲子出門，硬是把那條牛仔褲沒收了。

之後的若干年，那位姐姐一直是「時尚風向」，流行什麼她就穿什麼。身上的美服總是招來保守者異樣的眼光，但是她年輕的身體卻在時髦的裝扮下出落得越來越妖嬈，越來越美麗。

我常年都在外地，很少聽到那位姐姐的消息。

某年我回家，與她不期而遇，她熱情地和我打招呼，我卻愣愣地不敢認人——她年輕得令我懷疑自己看錯了呢！算起來，她也是四十左右的人了，卻保持著非常苗條的身材，穿著那一年最流行的吊帶背心，外面巧妙地罩了一件小開襟衫，下身配之以民族風的大擺裙，腳上踩著剛剛流行起來的人字拖，又時尚又嫵媚。

我說：「姐姐，妳眞美！」

驕傲的神情在她臉上恰到好處地綻放：「怎麼樣，我不老吧？」何止不老，實在太年輕了！

我想，能夠把時尚巧妙融進自己生活的女人是可以青春永駐的。話又說回來，關注時尚，並不等於盲從時尚，而是合理借鑑時尚元素，讓世界潮流最尖端的東西本土化、個人化。

時尚源自生活，又高於生活，伸展臺上設計大師的作品走在時尚的前端，但是需要若干次「平民化」，才將裡面的元素流傳到大眾身上。

舉個例子，電影《穿著PRADA的惡魔》中，雜誌總編曾給新來的助手上了一課，告訴助手時尚與她的關係。她用了一件看起來「普普通通」的天藍色毛衣舉例，爲什麼偏偏是天藍色，而不是松石綠，不是靛藍色的呢？因爲這個看似不經意的選擇，實際上有它的時尚淵源。二〇〇二年，奧斯卡·德拉倫塔（Oscar de la Renta）設計了一系列的天藍色禮服，隨後伊夫·聖·羅蘭（Yves Saint Laurent）推出了天藍色的軍裝外套，接著，天藍色迅速出現在八個不同設計師的新款中，並很快就滲透到各大百貨商場。時尚，從「舊時王謝堂前燕」，飛入了「尋常百姓家」。嗅覺靈敏的女人們當然不用去深究這樣的發展淵源，我們只需要一見鍾情，愛上那一季鮮亮的顏色或者別緻的剪裁，買回來，穿出去，哪怕跟人撞衫，也不過哈哈一笑。

關注時尚，不是心甘情願地做時尚的俘虜，而是讓時尚爲我所用，爲自己加分，助自己減齡。時尚是新的，花樣百出，隨潮流而動。也許我們的工作日復一日沒有什麼新意，也許我們的生活平平淡淡缺乏激情，在「舒適區」變笨變呆，而時尚卻像一股清新的溪流注入我們的心田。

時尚強調「新」，要求「潮」，時尚的引領者無不在年輕人身上汲收新元素、激發新靈感。當我們把時尚引入生活之後，這些新鮮的活力不知不覺就融進我們的思想，激發我們的潛在活力。

我建議各個年齡階段的女性朋友都應該對時尚投之以適度關注。也許妳年輕，可以張揚個性，不接受任何「專業人士」的建議。但是當妳到了一定的年紀，青春不再是本錢的時候，就需要參照一些時尚設計師、時尚雜誌的建議，吸納那些適合妳的時尚元素：也許是一款新髮型，或者一款新眉形，或者是一雙本季新推出的鞋子，或者是衣櫥裡最缺少的那件小西裝……

妳不必成爲時尚最忠誠的信徒，但是可以讓時尚成爲妳最好的減齡工具。

要知道，女人的老不僅僅體現在皺紋、膚色、髮質等生理方面，更體現在「心」上。如果妳對美麗的東西不去關注，如果妳連裝扮自己的心思都沒有了，豈不是向世人宣告「我自甘墮落成爲肥師奶」了？

愛閱讀，書香堪比薰香

正如電視無法取代電影，網路閱讀也無法取代傳統書籍。一卷在手，不管是縱覽歷史通曉掌故，或是跟隨上師與心靈對話，書籍對於女人的滋養是由內到外的。

淑女、書女、熟女，三個詞出現的時間不同，排名分先後，一個比一個時髦。淑女是傳統意義上的大家閨秀、世家名媛；書女是愛看書的女人杜撰出來的美稱；熟女最近兩年才熱起來，泛指那些事業有成、閱歷豐富、心理和生理都夠強大、夠成熟的女人。

這三「女」看似非同類，但仔細研究，卻有一個奇妙的關聯：淑女不一定是熟女，熟女不一定是淑女，但淑女和熟女必定都是「書女」。書對於女人來說是不可或缺的，每週讀一本書，一年下來就是五十多本，妳可以看到五十幾個不同的人生，吸收五十幾個人與妳講述的精華，妳的靈魂將變得多麼強大。

兒時讀《紅樓夢》，被大觀園姐妹的詩文才情所震驚。賈母曾謙虛地說：「她們讀什麼書，只不過識幾個字，不是睜眼的瞎子罷了。」但是這群人結詩社、行酒令，無一不是出口成章，典故一個賽一個多，如果真的不讀書，豈不被人恥笑？正所謂「腹有詩書氣自華」，有了書卷氣打底，荊釵布裙的女人也會閃爍靈動的光芒。她不必向人吹噓自己有什麼珠寶、有多少家底、去過什麼地方、有多少首飾，自有人淡如菊的非凡吸引力。

從純粹的視覺效果上看，女人到了一定的年紀，相貌自然不會像小姑娘那般青蔥水嫩，開始用化妝來掩飾歲月的痕跡。可是瓶瓶罐罐的化妝品、護膚品能讓妳看起來像「畫中人」一般美麗，卻無法讓妳靈動起來。這時候，只有透過內在的提升，才能爲自己增幾分神韻，添幾分風采。這一點，在相貌因素佔很大比重的演藝圈頗爲明顯。放眼望去，螢光幕上美女層出不窮，多到記不住新人的長相和容貌，但是有些女明星，模樣不是最漂亮，身材不是最性感，卻自有讓人過目難忘的氣質。

內外兼修的妮可·基嫚或許是浮光掠影的好萊塢最有文化氣質的演員。她愛好藝術，親自選購了屋內所有的藝術品，其中不乏弗萊德·威廉姆斯（Fred Williams）、羅莎莉·加斯科因（Rosalie Gascoigne）、瑪格麗特·普勒斯頓（Margaret Preston）、柯林·麥康（Colin Mccahon）、諾曼·林賽（Norman Lindsay）和亞瑟·博德（Arthur Boyd）這種小眾藝術家的佳作，著名攝影師羅伯特·梅普索普（Robert Mapplethorpe）和美國現代藝術大師曼·雷（Man Ray）的名作，她更是視如珍寶愛不釋手。而她的文化底蘊之深廣，在業餘圈內絕對是屈指可數的，她可以和任何人包括大師探討任何一部經典文學作品。她家中的參天書架上堆滿了各類書籍，彷彿是個袖珍圖書室；妮可·基嫚在一次訪談中就曾透露：「（我）非常喜歡帶上一本書獨自去餐廳，我青少年時住在歐洲，曾住在巴黎、阿姆斯特丹和倫敦。那段時間幾乎整天都待在餐館看書。」

書有很多種，不一定都是高深的學術、複雜的專業知識，它富含各種營養，我們可以各取所需。書籍豐富女人的學識，更能增長閱歷。受條件所限，我們可能無法到大千世界親力親爲經歷各種事，不妨讓書籍成爲承載我們靈魂的工具，把我們帶向任何一個神奇精彩的彼岸。

讀書讓我們足不出戶卻知天下事，更好地認識自己，認識世界。

讀書，凝神、靜氣、養性，讓妳的「青春」無限期延長。

當然了，該讀什麼樣的書自然也是需要慎重思考的問題。只喜歡讀你儂我儂言情小說的女孩一抓一大把，這種書跟肥皀劇的功效等同——娛樂。若是妳跟著劇中人一起做春秋大夢，逃避現實生活，那只會越讀越傻。倒不如看些理論性強，能夠輔助我們心靈成長，或者有助於我們處理各種職場、生活難題的實用性書籍。

常有人質疑「書中自有黃金屋」這句名言，之所以生出這樣的抱怨，也許是讀書過少，或者是選擇的書籍類型有嚴重的偏好。捷運上經常讀書的女人大致有三類：讀課本的大學生、讀小說的公司職員，以及讀佛經或聖經的信徒。可惜，很少有女人讀實用的書籍，哪怕是隨處可見的《快速變身職場達人》之類的書都很少。女人經常被視爲「無腦」的動物，這多少都跟女人的「書本恐懼症」有關。

大學畢業後，阿美已經換過四次工作了，但仍然對現有的工作不太滿意。想跳槽又擔心找不到好的公司，不跳槽又很痛苦，每天都生活在糾結中。

一個偶然的機會，她透過朋友推薦，讀了一本美國演講家的書。書中的內容給了她很大啓發。

那位作者講到的親身經歷，以及列舉其他人的工作經歷，和她目前的狀態有很多相似的地方。對照書中所講，她清楚地瞭解到自己的現狀必須調整，同時也找到了問題的癥結所在。書中甚至給出很多切實可行的建議，讓她對未來的職場生活不再迷茫。她信心滿滿地為跳槽做了準備，並且很快找到了一份感興趣的工作，然後全身心地投入進去。

有句話說：「人如其所讀。」其中蘊含的道理顯而易見，卻常常被我們忽略。書籍常常被比喻成「精神食糧」，吃肉的人和吃菜的人，身材和體質會有不同。同樣地，讀書和不讀書的人，以及讀不同書的人，精神狀態也是不同的。所以，不如把看肥皀劇的時間拿來讀一些文學、哲學、傳記以及實用類的圖書。不要說自己讀不進去，可能只是妳還沒有靜下心來讀進去。如果妳在一本好書的循循善誘下，一路走下去，就會像愛麗絲夢遊仙境一樣，進入一個奇妙的世界，收穫很多不曾遇到的知識。舊有的觀念可能被顛覆，原本狹隘的視角可能被拓寬，曾經讓妳厭倦的文字，說不定會成為最好的朋友之一。更妙的是，當妳把這些光怪陸離和妙趣橫生的知識分享給朋友時，妳會變得越來越受歡迎。

培養自己不俗的品味

先看品味，再看牌子。女人只有及早走出跟風的盲點，打造自己獨特的風格和眼光，才能顯示出與衆不同的審美格調。

某次，深夜接到朋友哭訴的電話，吵著要與男友分手。我哈欠連天地鑽出暖烘烘的被窩問她爲什麼，她說，是爲了一個髮夾。

原來，兩人去逛商場的時候，女友看中一款鑲鑽髮夾，標價二百美元。女友向來大手筆慣了，興沖沖就要刷卡買下，男友卻硬是給攔下了。

他說，二百美元買一枚小小的髮夾，不划算。

女友吵著說：「我愛這個牌子的飾品。」

男友一錘定音：「交換價值嚴重大於使用價值，不買！」

於是，就有了哭哭啼啼的午夜「凶」鈴。

我當然是勸合不勸離了，好說歹說，才總算是讓電話那頭的人消了氣。

但掛上電話，我卻再也睡不著了，腦子裡開始胡思亂想，想到多年前剛剛走出校園找工作時的一個插曲。

彼時，朋友嵐去一家時尚雜誌社應徵服裝編輯。因爲看了很多關於應徵技巧的書籍，嵐認爲應該把自己打扮得成熟而專業，希望面試人員看到她的時候，一眼就覺得她與這個雜誌的氣質相匹配。

於是，嵐找出了所有自認爲很有品味的服飾，站在鏡子前緊鑼密鼓試穿了大半天。

然而，當她來到面試人員眼前時，她還是被投了否決票。

那位考官說：「小姐，雖然妳對時尚有一定的敏感度，可是品味距我們的雜誌還有一定的距離。」

嵐曾經預想過，對方會說自己沒有經驗，或者說自己專業與他們不符，或者說自己表述得不夠流暢，可萬萬沒有想過對方會質疑自己的「品味」。

她不服氣，反問對方自己的品味有什麼不對。

好在面試人員脾氣好，給她從頭到腳做了一番點評。雜誌社的人善意提醒她，她個人的相貌和身材屬於比較古典的，所以硬把自己塞進西化的時裝裡面就顯得不倫不類，而且灑的香水一聞就知道是廉價品。

大概是爲了幫嵐掩飾難堪的神情，對方還說：「沒什麼的，妳還是學生，有用香水的意識已經很難能可貴了。」

那次失敗的求職經歷讓嵐對「品味」二字有了刻骨銘心的「恨」意，也由此發出一股子「狠」

勁，發誓一定要修練出不俗的品味，日後再去那家雜誌社應徵。

雖然沒有頭懸樑錐刺股的苦練，嵐卻在「品味」上面下足了工夫。以前，她都是根據自己的喜好，憑自己的感覺搭配衣服、飾品和香水，後來，她特地選修了一門禮儀課程，聽專業老師指導適齡女子如何穿衣戴帽、化妝打扮。老師還爲學員們列出長長的一串書單，說「品味需要內外兼修」。

品味絕不是一朝一夕「惡補」出來的，嵐讀書、學芭蕾、聽音樂劇、看各種專業的評論、參加各種文藝類時尚類的沙龍，恨不得把腦袋上面安裝一個雷達天線，捕捉所有與「品味」相關的信號。當她終於修練成淑媛氣質、蛻變成華美貴婦的時候，當初那家雜誌早就入不得她的法眼啦！

嵐的故事跟「髮夾」的故事似乎並不搭軋，但仔細想想，二者還是密切相關的，關鍵點就在於「品味」二字。

我知道朋友看上的那款飾品價格不菲，但是，不論設計、材質、做工都堪稱一流。雖然只是小小一支髮夾，卻稱得上一件藝術品。

其實，一個女人出門，頭上最多也只能戴一件髮飾、一個髮夾，這個小東西承載著「畫龍點睛」的作用，豈能馬虎？

有的女人，似乎永遠在購物，但是需要的時候，卻拿不出一件像樣的東西。而有的女人，哪怕只是圍一條絲巾，戴一枚胸針，都讓人覺得很有格調。她們之間的差異並不在於錢包的厚度，也不在於身材的好壞，而在於「品味」。

有品味的女人，十分瞭解自己的偏好，知道自己適合什麼，如果找不到「最好的一款」，她是不會打開錢包的。而好的品味不是指「只買名牌」，而是找到「the one」，找到妳最想要的那一件。

有品味的女人，寧願花更多的錢去買一件稱心如意的高檔品，也不會貪圖便宜買自己不喜歡的次級品。想想看，有多少女人犯過衝動消費的錯誤，在打折的時候買一件永遠也穿不上的外套，或者一雙滑稽可笑的鞋子？這種惡習不僅僅是浪費金錢，也不利於提高自身的品味。

所以，朋友在午夜打來哭訴電話的時候，我安慰她：「妳的要求沒錯，買下那款髮飾，我們的頭髮會因此秀美，脖子會顯得更加修長挺拔，氣質也因此變得更好。這一切的最大受益人是那個整天圍著妳轉的男友，難道他希望自己的女人永遠頂著亂糟糟的頭髮和便宜的塑膠花嗎？」

女友破涕爲笑，說：「沒錯，我還要買下那枚上個月看中的鉑金戒指，它讓我的手指顯得纖細修長，賽過鋼琴師。」

動腦動手，譜寫無限「超可能」

女人心思細膩，能創造出無限可能。只要我們去掉「公主病」，不害怕、不退縮，就能點燃無敵小宇宙，爆發出驚人的能量。

女子天團S.H.E有一首非常好聽的歌叫做《超可能》，細聽這首歌的歌詞，它唱出很多女人的心聲。

「超越你眼裡認定的我，那是挑戰隱藏版的快樂。誰說我很脆弱，就偏要不低頭。我勸你不要小看我。誰說我像煙火，就要美得不隕落。自信女人什麼都有可能，一個人至少有一種天分，越是相信什麼越發生……」

每一個女人都有無窮的潛力亟待發揮。以前的社會，給女人很多束縛，女人的舞臺只有家庭那麼一點點大，結婚之後更是要圍著公婆、老公和孩子轉，自己很難有一番事業。

現在，女人可以「出去」了，被束縛的那一份天賦可以自由地發揮出來。不管妳是「鐵娘子」還是「女超人」，只要妳想，就可以去爭取、去奮鬥。

小麥是我讀研究所時認識的一個姐妹，她比我大幾歲，卻比我晚一年才進研究所，因爲她花了三年的時間「害怕」。

小麥一直想讀研究所，但不忍心讓老公一個人去承受巨大的經濟壓力，所以她暫時放棄了自己的夢想，進入一家外商公司上班。

首先生存，然後發展，這是她爲自己設計的軌跡。

沒多久，兩個人的生活安穩下來，老公的經濟狀況好了很多。他跟小麥說，妳去讀研究所吧！不要給自己留下遺憾。可是，小麥卻猶豫了，她發現自己已經不能離開工作，不能離開家。學校裡的「小孩子」和她這種上班族的差別非常大，於是，她開始了長達三年多的「糾結」。

有時候，她覺得循規蹈矩做個朝九晚五的上班族不錯；有時候，她又渴望回學校深造，爲自己打造更廣的人脈和更高的平臺。她憧憬著在學校充電的美好生活，又擔心自己融不進那個環境裡去，更害怕自己進了學校丟了家，老公、公婆會埋怨她。

就這麼左右權衡著，她都要有心理問題了。

後來，老公說：「其實，妳只是在害怕，擔心自己考不上。妳一直是個很有自信的人，怎麼關鍵時刻成了膽小鬼了？」

一語驚醒夢中人，老公的話激起了小麥的鬥志，她鼓足勇氣報名參加研究所考試，接下來就是漫長而艱苦的複習。有半年的時間，小麥把自己關在屋子裡，斷掉家裡的寬頻，不開電視，辛苦地學習考研課程。

以前的同事問她：「何苦這麼為難自己？」

小麥說：「我要改寫我的人生。」

終於，皇天不負苦心人，小麥考取了研究所，成為我的「學妹」，並且用兩年的時間提前畢業。

我看過一本書，名字叫《男人是沒有進化好的女人》，光這書名就讓我笑了很久，估計男同胞們看到之後會氣得冒泡泡。

我認為，在很多方面，女人是強過男人的。女人心思敏感而細膩，考慮事情詳盡周全，而且行動能力極強。男人喜歡談天說地大侃國際風雲，卻不屑於做小事。相反地，女人最關注「小事」，最有耐心做「小事」，只要女人打定主意去做，就能把小事做精做透。小中見大，做出不俗的業績。

女人，只要肯動腦，只要肯動手，就能譜寫無限的「超可能」。女人的可愛不是裝嫩發嗲，不是咬住青春的尾巴不放，而是用自己的頭腦建構出美好藍圖，然後用自己的雙手搭建出理想王國。就像玩樂高積木的小孩子一樣，發揮想像力，專注而用心，用最簡單的方法，締造出一個個美麗的奇蹟。

「我就想要，要我自己會選擇；我就想要，要我無法被預測；要把低潮忘成夢，把高潮唱成一首歌；我就想要，要我能走出雪崩；我就想要，要我值得被看重；我就想要，要把誤解都打破，把瞭解蔓延成了感動……」我們是心中有天地的新時代女性，只要我們想做，就有無限的「超可能」。

Chapter 4

職場站位｜享受工作沒商量

職場是女人踩著高跟鞋演繹自我的舞臺。
聰明的女人會在職場中佔據一席之地，
爭取大把的薪水，贏得更高的職位。

女人有職位，生活有地位

御姐也好，敗犬女王也罷，我們之所以特立獨行，完全是來自於自身的獨立。我們有自己的工作，不用看男人的臉色行事。

有道是，走自己的路、花自己的錢，讓男人羨慕去吧！

「哪怕妳的薪水少得可憐，在人前說話的底氣也會很足。」這是我好友岩岩的獨家心得，傳女不傳男。

岩岩的老公是一個小企業主，有一家初具規模的機械廠，他們的日子算是很寬裕了。按照大多數人的想法，岩岩可以「不勞而獲」，做個幸福的小主婦了。但是她沒有放棄自己的工作，依舊兢兢業業、認認眞眞地做著一份很「不女人」的差事——員警。

我勸她不用那麼賣命，至少可以動用關係做個行政工作。她說不行，老公的錢也是一分一分辛辛苦苦賺來的，自己雖然薪水不多，也絕對要自立自強，不想成爲老公的負擔，更不想讓婆家人看「扁」她。

老公給岩岩留足家用，並不需要她負責養家。岩岩點頭答應著，卻有自己的小算盤。老公留的家用她用得很節制，每個月的結餘單獨存在一家銀行帳戶裡，不亂動一分錢。她平時逛街買衣服、買化妝品，用的都是自己的薪水，老公的襯衣、領帶也都是她一手置辦。老公每次對她說「別亂花錢」，她總是體貼地說：「你這件襯衣舊了，出去談生意會丟面子。」逢年過節，老公會給雙方父母買貴重的禮物，岩岩則在平時買些「力所能及」的小東西，例如加濕器啦、煮蛋器啦、按摩坐墊啦、浴足盆啦……這些新鮮東西都被岩岩買回了婆婆家，婆婆高興得眉開眼笑，說自己兒子「有眼光」，娶到了一個能幹又懂事的媳婦。

現在，岩岩的薪水高了許多，但「堅持工作」的想法絲毫沒有改變。她常常感慨地說：「我這點薪水跟老公的收入比起來根本微不足道，但是我這份心意是很值得的，更重要的是，這樣做讓我很有自尊。越是嫁到有錢人家，越要提防被人看扁。即便我的薪水少得可憐，只要能養活自己，也會讓我在人前說話的時候底氣十足。」

如果妳還沒有對自己的職場生涯有明確的定位，不妨以岩岩爲參照吧！不管爸媽多嬌慣妳，男友、老公多寵愛妳，女人總要自食其力才行。「寄生蟲」女人是很容易迷失方向，丟失自我的。

做爲一個有勞動能力的美女，妳可以不做「女超人」，但是要夯實自己的經濟基礎，成爲一株獨立挺拔的木棉，而不是攀附於人的藤蔓。

李諾是我研究所時期的同學，自從入學之後就再沒伸手跟家裡要過一分錢，男友主動給她零用錢，她也斷然拒絕。

李諾起初做家教，後來給出版社做兼職編輯，利用課餘時間幫出版社做了不少編校工作。別人在逛街、看肥皂劇的時候，她卻努力賺錢，讓荷包變得豐滿。最後，她不僅吃穿不再向家裡伸手，連學費都不用爸媽費心了。

讀完研究所後，李諾積極投入到找工作中。雖然現在研究生的工作也不好找，但是李諾憑藉自己豐富的兼職工作經驗，贏得了出版社主管的青睞，順利成為一家知名出版社的文字編輯。

李諾的出色表現讓父母樂得合不攏嘴，更是讓未來的公婆開心至極，催著兒子說：「諾諾這麼好的女孩子，妳還不快點娶回家來，當心被人搶跑了！」

我不敢說職場是天堂（它眞不是），但它絕對應該成為女人生活的一部分。除了可以拿一份薪水，滿足自己日常在「臭美」方面的開支，緩解家庭經濟壓力，和男朋友吵架後還有錢花、有地方住。

現在的社會，競爭壓力大，生存的壓力也必然存在。在普通的家庭，女人如果能夠自食其力，最起碼不用依靠男人來養活自己。即使家裡的經濟條件好，女人也該有份工作，這樣不至於在社會關係和空間上讓自己處於封閉狀態。不僅可以跟得上時代潮流，還會避免出現婚外情危機。

更何況，經濟獨立，才會眞正平等。一旦有變，才能從容面對。

慢慢「熬」成白領女精英

職場生涯三十年可以大致分為三個階段：第一個十年注重學習，收入平平；第二個十年注重成長，薪資大幅攀升；第三個十年得到回饋，達到職業生涯的最輝煌期。

整體來說，前面的低薪過程，都是在累積高薪的基礎。

很多女孩初入職場的時候，會有這樣的誤解：我是知名大學畢業的高材生，應該站在一個更高的起點開始職業生涯，爲什麼一定要從基層做起？陷入這樣的思考之後，她們會排斥基層工作，渴望一步登天成爲「骨幹、精英」，卻不得不飲恨退敗，鎩羽而歸。

我可以明白地告訴妳，三十歲（甚至三十五歲）之前妳想都別想。

一般來說，初進職場的幾年都是投資階段，妳要不斷地付出再付出，在忙碌中學到本領，增長見識，累積經驗。等到妳職位升到了一定程度，而且與上司的關係協調得很好，妳加薪的幅度就會大很多，就不必像初進職場時那樣忙前跑後了。

曾經，我也信誓旦旦要成名成家，沒學法律沒玩金融，搞文學總行吧？趕不上李清照、張愛玲，我追張小嫻、吳淡如總行吧？我賺不了幾千萬，買棟房子弄輛車總行吧？妳別笑，我當初就是這樣一個無知無畏的文學青年，一邊做著小眾而飄渺的清高文學夢，一邊想著一夜暴富的美事。

後來，緊趕慢趕地追了一陣子，寫了一陣子，忽然發現自己原先設定的那些目標根本就無法實現。

回到正題，職場女強人之所以「強」，就是能夠把那些細小、瑣碎、繁雜的小事都做好，用自己的一腔心血鋪墊起成名之前的路。從默默無聞到功成名就，走了很遠的一段。而我，什麼都沒有，沒有社會閱歷，沒有天賦異稟，沒有行業經驗，對這個世界一無所知，就憑自己會弄弄筆桿子（現在該說敲敲鍵盤）就能一下子飛黃騰達？

「白領女精英」也不是這個當法啊？

做爲一個靠打字爲生的人，不能不關注最有錢的一個「打字人」——「哈利波特之母」J.K.羅琳。

這個經歷過婚姻失敗和窮困潦倒的女人，現在卻成爲英國最富有的女人，所擁有的財富甚至超過了英國女王。

夠強吧？這份「強」來自哪裡？

堅忍、堅韌、堅持。

大學畢業後，羅琳隻身前往葡萄牙尋求發展，在那裡她認識了一位記者，並與他步入結婚的殿堂。但這個家庭並不牢固，她的丈夫在婚後便暴露出自己的眞面目，毆打她甚至將她趕出家門。傷心欲絕的羅琳不得不帶著剛出生三個月的女兒回到英國，住在一間冬天連暖氣都沒有的小公寓裡靠救濟金過活。爲了讓女兒吃飽，自己餓肚子是經常的事情。窮困潦倒讓她看起來似乎已經沒有了光明。

在一般人看來，她應該盡快找個「正式」的工作，領薪水過日子，或者找個可靠的男人，託付終身。然而，羅琳沒有屈服於傳統觀念，她始終相信自己一定可以度過難關。主修英國文學的羅琳從小就喜歡寫作和講故事，她夢想著自己寫的作品可以成爲像《格林童話》那樣享譽世界、傳承不息的經典。

這個夢，曾經一度由於結婚生子而擱淺，此刻，又在她的頭腦中浮現出來。哈利·波特的形象在她眼前越來越清晰，她必須抓住靈感迅速把故事寫出來。生活的苦難並沒有打消她寫作的積極性，她每天都不停地寫，甚至經常爲了省電省錢跑到咖啡館裡寫一整天。

「或許是爲了完成多年的夢想，或許是爲了排遣心中的不快，或許是爲了每晚能把自己編的故事講給女兒聽。」羅琳用這樣的話解釋自己的堅持。正是這種信念的支撐幫她度過了人生中最苦難的時期，她推出了第一本改變自己命運的《哈利・波特》，並且被翻譯成三十五種語言在全球發行，引起世界轟動，成爲出版界的奇蹟。

從一個貧困潦倒的單親媽媽到躋身富豪榜的暢銷書作家，羅琳就是這樣堅持著，一點一點熬出頭的。

生活不是爲所欲爲，想做什麼就做什麼。可是換個角度看，我們眞的可以做一切想做的事，只要我們能夠堅持。

所謂強者，就是能夠戰勝自身和環境的侷限，不斷挑戰自我，超越自我，然後改變環境的人。如果妳的目標是成爲職場中的白領女精英，就要先做足心理功課，堅強些，準備克服一個個困難，迎接一次次挑戰吧！

盡職盡責，恪守本分

很多女性朋友在工作的時候沒有把百分之百的精力投入進去，這樣做的直接後果就是出現漏洞、瑕疵，甚至重大過失。

如果我們連分內的工作都不能做到盡善盡美，又怎麼能承擔起更大的責任呢？

剛開始工作時，我就職於一個企畫公司。

我的上級主管是一個三十多歲的「歐巴桑」，爲人嚴肅，不苟言笑，而且對待下屬幾乎到了雞蛋裡挑骨頭的程度。

身爲她的下屬，總有種說不出的壓迫感，我懷疑自己是不討喜，還是我眞的遇人不淑，撞上了一個不穿Prada的女魔頭。

一次公司開會，需要我提交一份企畫書。爲了那份企畫書，我花了大半個月時間查閱資料，幾乎沒睡過一個好覺。

當我把企畫書交到主管的辦公桌上時，還是被她劈頭蓋臉數落了一通，命令我重新做。

我不服氣地回到座位上，望著一堆資料束手無策。

這時，「女魔頭」走到我座位前，換了一種口氣說：「我知道妳花了很多心思在企畫書上，但妳認爲它完美嗎？我在第一頁資料上就看到了兩個顯而易見的錯誤，這樣漏洞百出的企畫書怎麼能拿到會議桌上讓大家討論呢？」

目光所及，我一眼就發現企畫書的第一頁上有兩個資料明顯是錯的。一方面是自責，一方面是臉皮薄，我的眼淚忍不住掉了下來。

最後，主管留下了一句話：「自己都不能滿意的企畫書，老闆怎麼會滿意？」

這次事件之後，我體會到了主管的良苦用心，也端正了對她的看法。她這句醍醐灌頂的話讓我重拾信心，找到了問題的關鍵所在。我再度埋首於堆積如山的資料、報表裡，三天後交給她一份自己看了都滿意的企畫書。

相信很多女性朋友都和我犯過同樣的錯誤，自己對本職工作不夠認眞，卻對老闆橫挑鼻子豎挑眼，一味在上司的身上找不是。我算是比較幸運的，能夠跟上司順利溝通，找到問題的關鍵點。而很多人依舊我行我素，既耽誤了手頭的工作，又喪失了自我提升的機會。

聰明的做法是，認認眞眞做好手頭的工作，至少在自己能力範圍內做到最好。

我的表妹陳辰大學畢業後，因爲有良好的學業背景和流利的英語口語能力，順利進入一家跨國公司擔任銷售總監助理。

在進入職場之前，她初步瞭解了一些職場規則，懂得妥協、忍讓是職場人必須練就的基本功，明白跟著上司就有前途這一水漲船高的道理。

陳辰的頂頭上司嘉誠是個中年男人，不苟言笑，對人永遠都是一副冷冰冰的面孔。有好事的同事勸陳辰趁早換部門，遠離這個工作狂。聽到這樣的勸告，陳辰只是一笑而過，照舊認眞地做好自己分內的每一項工作。

某天上班時，陳辰把提前準備好的會議材料交到嘉誠的手上。跟以往一樣，嘉誠一邊聽其他部門主管彙報工作，一邊看陳辰交上來的資料。看著看著，嘉誠的眉頭皺了起來。突然，他快步走到陳辰的座位上，猛地將資料狠狠摔在了她的面前。

原來，嘉誠看到資料上的一個銷售數據和自己之前看到的有出入。在他看來，工作態度勝於一切，因此他對陳辰是否足夠認眞產生了懷疑。

面對這場毫無徵兆的「暴風雨」，陳辰在心裡畫了個大大的問號。但她絲毫沒有把自己的情緒表露出來，而是迅速起身，對耽誤大家開會而誠懇地表達了歉意。

嘉誠回到自己的辦公室後開始在電腦中搜尋之前看過的數據，很快地，他發現那是前兩週報表的數據，是自己弄混了而錯怪了陳辰。

爲了表達自己的歉意，嘉誠邀請陳辰共進晚餐，爲自己的失察道歉。

這件事過去之後，陳辰一如既往地工作，嘉誠也開始把更重要的任務交給她來處理。

後來，嘉誠向總公司提出辭呈。雖然董事長百般挽留，但他還是選擇了離開。當然，嘉誠不是一個人離開公司的，陳辰隨他一起辭職，因爲嘉誠說服陳辰與他一起創業。

新公司成立後，嘉誠擔任總經理，主要負責公司銷售方面的業務，陳辰由一直以來的助理，變成了公司的副總經理，主管所有行政事務。

單純地看故事，很多人可能會羨慕陳辰的平步青雲。可是妳不要忘記，當眾被老闆罵得狗血淋頭而不辯解，是陳辰獲取上司信任的第一步。這一關不是誰都過得了的。其實，只要妳認眞對待工作，就不怕上司追究，是非對錯終有水落石出的時候。

盡職盡責、恪守本分，堅持這一原則，妳就會獲得上司的青睞和加薪晉升的機會。

讓上司看到自己的優秀

如果妳是上司身邊的空氣，他不會感覺到妳的存在；如果妳是上司呼吸的氧氣，他才知道沒妳不行。想出頭，就得讓上司發現妳的價值。

如果妳所在的公司是十人規模以下的小公司，上司可能會認識妳，也會知道妳的才能和成績。倘若妳在一個中等規模的企業，數百員工爲企業做事，上司多半不認識妳，甚至妳的部門主管都叫不出妳的名字——因爲妳太普通了。

被上司遺忘的人，通常是不會有什麼大作爲的。

如果妳不想碌碌無爲，不想當職場隱形人，就要千方百計讓上司發現妳的價值。

小璐是一個精靈古怪的小白領。爲了贏得上司的好感，她竭盡所能在辦公室裡埋頭苦幹。上司任何時候看到她，她總是在電腦前拼命工作。

下班時間到了，同事們都走了，她不走，一定要上司走的時候她才走。完成一項大案子，上司表彰她有功，給她獎金，她硬說功勞是大家的，不僅不要獎金，還繼續加班。

毫無疑問，這個勞苦功高又不肯多拿錢的員工果然贏得了上司的賞識。

我們從小在傳統禮儀教育下長大，似乎默默無聞奉獻才是最高貴的情操。特別是女孩子，好面子、臉皮薄、內斂低調，不善於在上司面前表現自己，最後自己的功勞被別人搶走，或者成爲上司漠視的「空氣」，還不知道自己錯在哪裡。

若是有錯，就錯在「不會表現」。

自我表現，也是一種自我行銷。

妳要向上司展示妳最優秀、最有價值的一面，讓他知道，妳是他值得重用、重視、重金聘用的員工。

有很多好的蛋糕，因爲看起來不夠漂亮，所以賣不出去。如果在上面塗滿奶油，鑲上美麗的花朵，人們自然就會喜歡來買。相對這塊蛋糕來說，「花朵」成了它的賣點，讓它得以在其他平淡無奇的蛋糕中脫穎而出。身爲職場人，也要懂得給自己「鑲花」，努力在上司面前顯現自己的「賣點」，告訴他：「我値得你高價買下。」

被譽爲「白宮黑玫瑰」的美國前國務卿萊斯，從小就被灌輸這樣的概念：黑人的孩子只有做得比白人孩子優秀兩倍，他們才能被平等對待；優秀三倍，才能超過對方。

父母告訴她，如果她勤奮學習，力爭上游，讓自己有價值，就能得到回報。

萊斯在十五歲時便成爲丹佛大學的學生，主修英國文學和美國政治學，她能講一口流利的俄語和法語，並彈得一手好鋼琴。後來，萊斯成了老布希總統的東歐問題顧問。東歐現代史上發生的一系列重大歷史事件，都由她向高層做出重要講解和分析。老布希曾坦言，他對蘇聯事務的所有知識都源自萊斯。

後來，老布希又把這位得力幹將推薦給兒子小布希。萊斯當然沒有讓老布希失望，她爲小布希出謀劃策，並且在小布希當選總統後成爲了國家安全顧問，進而成爲國務卿。

萊斯的成功，就在於她懂得如何在重要的人物面前展示自己最好的一面。

職場就是這樣，妳在同事、上司面前表現出謙虛平和是應該的，但是也要把妳獨特的魅力展現出來。這兩方面並不衝突。

職場中，有一個關於「紅外套」的故事。一個年輕人向地產商請教，如何才能成功。地產商告訴他：「在我的工地上，工人們都穿同樣的衣服做同樣的事，有個工人卻穿著紅色的外套，格外醒目，我很容易就記住了他，並留意觀察他。我看到他表現優秀，是個能幹的人，所以委以重任。」

這件「紅外套」就起了「鑲花」的效果。那位工人的強項當然不是搭配衣服，只是他的紅外套有效地吸引了上司的注意力，給自己做了很好的「自我行銷」。爲此，上司記住了他，並且認可了他的價值。

我們說在上司面前表現自己，並不是讓妳「兩面三刀」，當著上司就好好做事，背著上司就偷懶。而是讓妳學會推薦自己，讓上司看到妳的成績和優點。

有些女性朋友對在上司面前表現自己的認識有偏頗。最大的偏見就是覺得它有阿諛奉承、溜鬚拍馬之嫌。男人多崇尚「厚黑學」，並把此道很好地應用到職場當中。女人卻抹不開面子，覺得動不動就往上司那裡跑不是什麼好事。「工作做好了，上司自然看得到。」這是很多女人都有的天眞想法。殊不知，正是這樣的「想當然」，把大好的表現機會拱手送給了別人。

要知道，出色完成任務僅僅是一個前提，妳還要把妳的成績主動展示給上司，才能獲得賞識，進而提升自己的競爭力。舊時的觀念號召人們任勞任怨甘做老黃牛，可是事實告訴我們，巧嘴的八哥往往更能受到主人的寵愛。

職場的「爭寵」之道也是如此，妳默默苦幹，卻不知道展示自己，只會讓別人搶了風頭和好處。

所以，妳一定要主動向上司彙報妳的工作成績。妳可以把每一階段的主要工作任務和安排做成清晰簡明的表格，請上司在某某日期前提意見。如果遇到了難題，妳就拿著解決方案去找上司商量。這樣做，既展示了妳的專業素質，也讓上司看到了妳積極主動解決問題的態度，還會讓他瞭解妳的工作能力和聰明才智，可謂一舉多得。

發揮妳的性別優勢

戰場上往往不需要女人衝鋒陷陣，卻需要女人做「後勤」、做「護士」，因為女人體貼入微。同理，職場中的女人可以充分發揮自己的性別優勢，做團隊裡最好的黏合劑，成為左右逢源的人際關係高手。

在職場中，女人更擅長建構網狀關係，而男人更傾向於線性關係。舉個例子說，女人很容易和同級別的人打成一片，哪怕是新來的同事，就某個話題聊開之後，很快就變成「無話不說」。而男人更願意跟自己的上級或者下級打交道，在他們的思維裡，建構等級秩序比廣撒關係網更重要。

做爲女人，不妨利用自己的這種性別特徵，來打造良好的職場關係。

人們在讚揚一個女人有親和力的時候，通常提到「溫柔如水」，事實上，這就是一種建構橫向關係的力量。擁有這種力量的女人，可以發揮自己的性別優勢，上下溝通，圓滑處世。就像金庸武俠小說中的任盈盈，有智慧、有膽識，重情重義又柔中帶剛，義薄雲天又愛恨分明，這樣的女子，男女都願意親近。

職場中的「溫柔」是一種「術」，也是一種修爲，一種手段。做爲女人，不一定要像男人那樣去搏殺格鬥、衝鋒陷陣，只需要知冷知熱、大度體貼。勁敵逼近之時，不需要橫眉立目、咬牙切齒，用四兩之力就可以撥千斤；若有突變發生，也會處變不驚。這是職場高手才有的境界，做到這一點，妳就可以成為老闆的紅人，同事的好搭檔，客戶的好夥伴。

古語有云：「胸有激雷而面如平湖者，可拜上將軍。」說的就是這種「柔術」的力量。女人在「柔」字上有先天的性別優勢，能夠充分利用，就可以與苛刻的老闆、古怪的同事和平相處。

伊朵出身名校，多次在辯論會上大出風頭，「口才好」是她畢業求職時掛在嘴邊的重要「賣點」。憑藉這個「優勢」，她進入汽車銷售領域，渴望大有作為。可是很長時間內都鬱鬱不得志——因為她總是「抬槓」。一旦有

客戶對她推薦的汽車不滿意，她就據理力爭，一定要跟人家爭辯到底。結果當然是口頭上贏了客戶，實際上輸了生意。

就這樣，很長一段時間，伊朵連一輛汽車都沒有賣出去。老闆好心找到她，讓她改改脾氣，她反倒覺得老闆在顧客面前沒有維護下屬的利益。

苦苦撐了一陣子，伊朵終於體認到了問題的嚴重性，不得已去找業界前輩取經。前輩指出她「鋒芒外露」、「凡事爭鋒」的毛病，建議她學著退讓，多點頭、多說好、多說是，忘掉自己的「口才」，試著去做一個「木訥」的人。這樣看起來會比較親切隨和。

經過一段時間的適應，伊朵終於變成了「溫順妹」，成功地說服了一個個客戶，完成了一筆筆訂單。

還是那句話，以柔克剛是女人的私藏利器。沒有人會主動去靠近一個兇巴巴的女同事，就像沒有人願意去捧仙人掌一樣。所以，在妳的職場座標上，要爲自己開闢一條寬容溫婉的航線。

巧談「薪」，擁有好「薪」情

關於如何申請加薪的方法，妳可以從網路、書籍、報紙、雜誌中找到各式各樣的建議。這些建議歸結起來就是幾個最基本的步驟：總結自己的業績，瞭解薪資標準，找對開口時機，自信滿滿地去談。

妳有沒有過向老闆要求加薪的經驗？如果有，恭喜妳，妳邁出了職場成功的第一步；如果沒有，可要當心啦！有調查顯示，女性薪資水準普遍低於男性的重要原因之一，就是女人「不好意思」要求加薪，或者，「不懂」如何要求加薪。

誰都渴望高薪、高福利，但這樣的待遇需要妳自己主動到老闆那裡去爭取，而不是坐等老闆送過來。因此，女人想在職場中贏得一席之地，跟老闆談「薪」的能力必不可少。

勞動力市場和其他市場一樣，有買有賣，討價還價。老闆永遠希望用最少的成本創造最大的利潤，員工永遠希望做最少的工作拿最多的薪水，雙方的博弈無休無止，也就造成了薪資水準的波動。但總體來看，要謀求高薪，就要讓老闆看到妳「物有所值」，對得起那份薪水。

妳張嘴就向老闆要一百萬年薪，老闆會問：「給妳這些錢，妳能給我帶來什麼？」所以，在找老闆談「薪」之前，要掂量好自己的斤兩，看自己「值」多少錢。

要求加薪，比較穩妥的辦法是把妳近期的工作分門別類做詳細的整理，在質和量上都有一個歸納，做成一目了然的表格形式（當然，如果妳的老闆不喜歡看表格，那就用一種他習慣的閱讀方式）。這是用來告訴妳的老闆，妳爲公司付出了多少。如果妳做了超出職責範圍的工作，最好額外列出來，這是爲了向老闆證明妳目前的薪水偏低，妳還有更大的潛力可以做更多事，應該給妳更高的薪水。

下面，我把需要整理的內容列一個簡要的紀錄：

1．具體證明妳的工作績效或是對團隊做出的貢獻。例如，爲公司節約成本多少、爲公司創造利潤多少、提出過哪些技術革新……等等。

2．舉例說明妳在面對困境時，如何度過難關。例如，人力嚴重短缺時如何加班做完工作、設備不良或是不足時如何克服困難解決問題、客戶刁難賴帳時如何化解危機……等等。

3．對妳未來的工作做出規劃，說明如何幫助公司提升業績。

4．與老闆預約會面的時間，事先將妳的工作績效與未來目標條列清楚，在會面前幾天email給妳的老闆。

5．留出「預備案」，如果加薪不成，可以申請其他形式的福利，比如更長的假期、獎金抽成、報銷額度、年度分紅等等。

除了向老闆展示自己的「硬實力」，還要展示自己的「軟實力」，前者指業務能力，即ＩＱ方面，後者指人際關係能力，即ＥＱ方面。一個員工的能力除了職業技能之外，還包括學習能力、理解能力和團隊合作能力等等。如果妳是某級別的管理者，還要有計畫、組織、控制、監督、回饋等能力。這些能力很難用量化的方法表現，需要找出「物證」來爲自己加分。

把這些材料準備好之後，妳就需要做一個盡可能詳盡的薪資水準調查。這項調查包括兩個方面，一個是妳所在的組織的內部調查，一個是組織外部同行業、與妳職位相當的薪資水準調查。籠統地講，小企業的薪資水準可能要低於中、大型企業，所以妳在向老闆提出加薪要求時，要考慮到他的承受能力，不能高出企業平均薪資水準太多。還要縱向觀察一下組織內部加薪幅度和頻率的變化，一般來說，老闆爲了顧全大局，不會給同一個人頻繁地加薪，這會影響其他員工的情緒。在組織外部，妳可以向其他單位的同行打聽一下他們的收入狀況，做一個大致的比對，也可以估算出妳的現在所得是否有更大的升值空間。

做完這樣的調查，妳就知道該向老闆提出怎樣的要求了。要得太多，很可能會駁回；要得太少，又起不到加薪的效果。這樣比較客觀地估算之後，妳提出的加薪要求更容易被老闆接受。

上述兩點是跟老闆「談薪」的硬性條件，是必需的，而後面要說的兩點則是技巧性問題，掌握了它們，能夠讓妳加薪的機會增加。

老闆的日程往往很滿，妳找他談加薪的事，最好事先預約。一般情況下他不會無故拒絕。如果他閃爍其詞故意推脫的意圖太明顯，就說明他不想給妳加薪，妳就要另找時機。而且，老闆往往有脾氣，妳需要找一個他看起來心情不錯的時機來聊加薪的事。

想想看，要是他剛剛被其他下屬氣得火冒三丈，妳再去伸手向他要錢，他會點頭同意嗎？有調查顯示，老闆休假歸來之後的兩個星期是「談薪」的好時機。這個時候，他的精神狀態最好，因度假堆積的公務處理得差不多了，對下屬也有一種「久別重逢」的愉悅感，更容易對下屬說「YES」。

上述各項準備充分之後，妳就可以正式跟老闆談加薪了。在一個八百七十五位人力資源主管接受的調查中，六十％表示會在面談時對薪水保留一些彈性，只有三十％說絕對不能調整，其餘十％要視對方的態度而定。也就是說，談加薪，大多數情況是能夠成功的。

同時，妳要做積極的心理暗示，認定自己能夠拿到更高的薪水，自己「值」那樣的價格。如果自己都沒信心，老闆怎麼會點頭呢？當然，若經過仔細思考，實在不能接受現在的薪水，離職未嘗不是一種「此路不通，另闢新途」的選擇。

策略性地要求升職

「升職」往往與「生子」相衝突，有些女性害怕耽誤升職而不敢生子。但要想好，職位只是關乎一時的事，孩子卻是關係一生的事。能夠順利高升固然可喜，倘若不能順利升職，也不要因此放棄自己做媽媽的權利。

加薪升職往往放在一起說，可是有經驗的職場人會發現，升職其實比加薪還難。道理很簡單，給妳加薪，對上司來說，無非就是每個月多給妳一些錢，僅此而已。升職可就不一樣了，妳的職位高了，薪水肯定上漲，而且妳手中握有的權力就變大。誰能保證妳不是野心十足，渴望超越他？

沒有任何一個上司願意心甘情願地受到下屬的威脅。更多的情況是，他寧願找個能力稍差，但是老實本分，聽他使喚，跟他同心協力的「窩囊」下屬，也不願找個日後能夠取代自己的對手。當然了，如果上司高升了，他願意帶著「窩囊」的下屬一起高升，畢竟是「嫡系」部隊嘛！

當妳向上司提出升職的要求，無異於在向他發出挑戰的信號。妳說，這難不難？不怕，再難也會有解決的方法。

何清在外商做了兩年行政助理，很希望登上行政主管的「寶座」。同時，她也相信自己有這樣的實力。而且，在過去的一年中，她做的就是行政主管的工作，自己已經超負荷運轉了，所得與付出嚴重不成比例。

無奈的是，何清屢次向部門經理提出升職的要求，卻屢次被駁回。

「不能正面交鋒，只好側面包抄。」何清在看了幾部諜戰題材的電視劇之後，改變了自己的「作戰」方針。她先是去醫院開了健康證明，說自己神經衰弱，患有失眠症，需要休息。於此同時，她還把自己的工作做了詳細的總結，對尚未完成的工作也做了交代。做完這些，她拿著醫生開的假條，理直氣壯地找部門經理簽字，然後回家休假。

這一下可「坑」苦了部門經理。原本，部門裡沒有主管，工作都是由何清在做。現在何清有正當的理由去休假，做事的人不夠，工作進展慢了一大截。部門經理一下子就慌了手腳，滿心想的都是何清的種種好處，還沒等何清休假結束，他就在ＭＳＮ上給何清留言說：「親愛的小何，妳身體好點沒？能不能盡快回來給我當主管？」

何清高興得都要飛到天上去了，當然，不能立刻點頭，還要「裝」一下，推辭身體不適，要休夠假期再回去。

等到何清終於「病癒」的時候，部門經理已經要發瘋了。他終於知道何清一直以來扮演著多麼重要的角色了，於是痛快地給何清升職加薪，還給了五％的額外獎勵。

很多上司會故意「踩」下屬，如果眞的遇到這樣「狠心」的上級，妳確實需要耍點小花招、使用一些小伎倆。

當然啦，我們基本上還是要往積極的方面看。根據相關調查發現，高達八十%的人力資源主管還是歡迎下屬提出升職要求的，這也是對其進取心的一種變相的考驗。升職可以簡單地理解成逐漸進入管理層，而做爲管理人員就必須擔負起計畫、組織、控制、總結、改良等責任，尤其是要去處理一些人際關係。因此，說服能力、溝通能力、觀察能力都成爲必需的能力，如果不善於表達出自己的準確意思，肯定得不到最佳效果。

在向上司提出升職要求之前，妳要問自己兩個問題：

1．我對申請的職位有詳細的瞭解嗎？

2．我對即將承擔的責任有足夠的信心嗎？

妳不妨做一個職業能力測試和職業性格測試，看看自己適合做基礎性、技術性強的工作，還是適合做管理者。很多時候，優秀的技術人才被送上管理職位之後無法適應，因爲管理者不是動手做事，而是指揮下面的人做事，這需要較強的統籌規劃能力和溝通協調能力。

所謂「服眾」，是晉升爲管理者的重要本領。

大膽跳槽，選擇更好東家

跳槽所遵循的原則：為自己的理想而跳，為爭取更好的平臺而跳，為追求更廣闊的成長空間而跳。

有過工作經歷的人都會發現，找一份工作並不難，難的是找一份自己滿意的工作。很多人不斷跳槽，覺得自己有勇氣、敢嘗試，可是事實上，盲目的跳槽可能找不到更好的機會，反而浪費了大好時光。

女人很容易感情用事，一句「不喜歡」可能就放棄手頭很好的職位和前途。因此，跳槽不能盲目，應該在理智清醒的狀態下做出選擇。同時要想清楚，離開能讓妳得到什麼，會失去什麼，兩相比較是否能夠讓妳感到心理平衡。

從各種調查和統計資料來看，職場人跳槽的主要原因不外乎這幾項：

1．薪資偏低。

2．晉升空間受到約束。

3．公司制度欠缺公平性。

4．人際關係不佳。

5．找到了更好的去處。

離開的理由千差萬別，妳不一定要向新單位如實說明，但是自己心裡要有數。糊裡糊塗地離開只會讓妳更加糊裡糊塗地開始下一輪職場競爭，這勢必是一個惡性循環。

弄清楚自己爲什麼離開，還要知道自己下一步需要得到什麼。當有了足夠的經驗和紮實的專業素養，妳就有資格選擇自己的老闆。這個時候的妳，不再是勞動力市場上任人挑選的商品，相反地，妳手中握有更多的主動權，有更多的資本去找一個妳相對喜歡的企業、老闆。這裡要認清「相對」兩個字，沒有任何一個企業、一位老闆會百分之百讓妳中意，妳總要受到待遇、制度、環境等各項因素的制約，這些因素都在影響妳的選擇。妳把它們綜合起來考慮，最吸引妳的那個，才是要「跳」過去的目標。

我的好姐妹劉欣大學畢業之後憑藉一份良好的履歷，進入了一家知名外商的財務部門工作，待遇好，薪資高，特別是掏出名片的時候讓對方總有眼前一亮的感覺。那是眞正的大企業，很多人都夢寐以求。可是劉欣卻有自己的苦衷，自從進了這家公司，她的生活主題就是一個字：忙。她沒時間安安穩穩吃頓飯，手機二十四小時開機待命不說，還要隨時準備和上司出差，輾轉各個城市。她的生理時鐘紊亂，時常感到不舒服，到醫院卻又查不出病來。她在百忙之中「抽空」結了婚，卻連婚假都沒能歇，蜜月也成了泡影，生孩子更是想都不敢想的事。

痛定思痛後，她決定放棄這份工作，跳槽到一家相對「清閒」的公司。待遇可以差一些，但是壓力要小，工作要輕鬆，本著這個原則，她在獵人頭的幫助下去了一家規模較小的外商。雖然到手的薪水只有從前的一半，但是工作內容少了，總算是有自己的「業餘時間」了。

現在，她有時間看書、學烹飪、研究養生、調理身體，準備生個可愛的寶寶。

劉欣的例子可以供那些在跳槽問題上糾結的人參考。在決定去留的時候，多問問自己的需求是什麼，有了明確的目標，跳槽就會少走冤枉路。有些人是爲更多的薪水而跳，有些人是爲更高的職位而跳，搞清楚自己想得到什麼，就不會因爲盲目而錯失機會。

當然，跳槽的人都需要注意的一點，就是「好聚好散」。我見過一些人，在公司裡積攢了一肚子怨氣，平日裡需要顧及顏面和尊卑，不能隨意釋放。終於到了辭職走人的階段，恨不得把這些委屈一股腦都倒出來。於是，他們就像「發動政變」一樣，數落老闆的不是，痛陳公司的弊端。那樣子恨不得讓所有的人都撂話走人，架空老闆，他才出一口惡氣。

這樣的做法，既幼稚膚淺，又得不償失。工作之後妳會發現，妳所從事的行業，圈子其實只有一點點大，很多人都是彼此認識的。就應了那個著名的「六度分離」定律，一個人到另一個人，中間隔著不會超過六個人。妳跟一個人鬧翻，幾乎是跟半打人鬧翻。更要命的是，這些人可能是妳前任老闆的朋友。倘若他們知道妳在離職時是這樣的表現，誰敢要妳？這就叫「孫悟空跳不出如來佛的手掌心」。好聚好散吧！與前任老闆和平「分手」，落得一個好人的名聲，也爲妳日後的圈內人脈奠定基礎。

職場中這樣的例子並不少見。有些小公司的員工，摸清了行業規則和做事流程之後，自己辭職走上創業的道路，和原來的老闆成爲競爭對手。由於彼此之間關係不錯，根基牢固，在創業遇到難處的時候，還能從前任老闆那裡討得救命良方。小到矛盾處理的方法，大到資金調集應急，都是可能的。

這種人就是跳槽的「極品」，從老東家那裡學到了技術，累積了人脈，獲得了創業的資歷。不管以後另投他家也好，吃「回頭草」也好，都會受到用人一方的歡迎。

職場人跳槽就像女人改嫁，改嫁的女人往往不受歡迎，但這個女人帶著一筆豐厚的嫁妝，那就另當別論了。如果妳能從前任老闆那裡累積到專精的技術、豐富的經驗、寬廣的人脈，無異於爲自己籌備了一筆豐厚的「嫁妝」。妳到新東家那裡，也會很快擁有立足之地。

Chapter 5

美德就位｜好個性成就好生活

妳不必貌美如花，但是要笑容明媚；妳不必能力超群，
但是要性情圓潤；妳不必出身名門，但要有好的教養；
妳不必十全十美，但是要自信十足。
好的個性，是女人內在的資本。它可以使女人在事業、感情、家庭等多個舞臺上扮演重要的角色，贏得更多的掌聲。

好個性是女人一生的財富

個性決定命運，無數事實證明了這一點。不同個性的女人處世態度不同，就會得到不同的結果。我們可以逆向而行，妳想得到怎樣的結果，不妨培養相對的個性。

艾米順利嫁給白馬王子，婆婆拉著她讚不絕口：「艾米有個好個性，以後肯定旺夫又旺家。」其他欲嫁豪門不成的姐妹追著艾米問：「到底什麼是好個性？」

艾米自己也說不清，只是微笑不語。

其實，她不事張揚、低調內斂的一顰一笑，已經道出「好個性」的核心部分：溫潤如玉。

在中國傳統文化中，「溫潤如玉」常常用來指代男人。金庸小說《書劍恩仇錄》中，乾隆皇帝送給陳家洛的佩玉上就刻著：「情深不壽，強極則辱，謙謙君子，溫潤如玉。」可是事實上，男人能夠做到「如玉」者很少，男人是陽剛的、強勁的、犀利的，更像各種冷兵器。玉是潤澤的、含蓄的、內斂的，更適合女人。據說好的玉料在做成鐲子或者戒指之後，都要找年輕女子貼身佩戴一段時間，才能徹底呈現出它的通透瑩潤之美。這也說明，女人的個性和玉應該是相通的。

玉的特點是溫潤，女人的好個性用這兩個字形容也最恰當不過。

有些女孩子，年輕時劍走偏鋒，個性張揚不羈，認爲自己可以跟男人比肩較量、爭強鬥狠。但是這樣恣意到沸騰的熱情能夠維持多久呢?個性過於強烈的人，往往也會以同樣的標準去要求別人，對待下屬會過於苛刻，對待上級會過於衝撞，即便是在與家人、戀人相處時，也容易產生衝突。

我的朋友中就有這樣脾氣火爆的女孩子，簡直是爆竹個性，雖然在工作上取得了不錯的成績，朋友卻很少，多次失戀，並且跟家人鬧不和。所以，個性比較火辣的女孩子應該學著給自己「降溫」。

有個時髦的說法是，愛情的最佳溫度是八十度C，既不會因爲沸騰而傷害彼此，也不會因爲冷卻而讓感情消亡。這個說法可以借鑑到個性的培養中來，用溫和的語氣與人接觸，用溫柔的態度與人交往，用溫順的性情與人溝通。一個

溫柔的女人並不等於弱者，相反地，她通常會有強大的內心，甚至比那些外表張揚的女人更有力量。這種「外柔內剛」的個性，也是更爲持久、更爲寶貴的財富。

女人在爲自己定位的時候，應該注重個性的塑造。除了溫柔之外，女人還要自信、寬容和有擔當。

自信的女人，不用整日高呼女權至上，也會讓人相信她很優秀。這樣的力量猶如「百煉鋼成繞指柔」，是一種不露聲色的強勢。

寬容，是女人的一項美德。女人往往心眼小、肚量小、愛虛榮、好妒忌，而一個好個性的女人，懂得克制自己這些「人性弱點」，必然會爲自己贏得更高的人氣分數。

有擔當的女人，靈魂是堅強的。無論是「男主外女主內」的過去，還是「夫妻各撐半邊天」的今天，女人總是要有擔當的。現在的社會競爭激烈，壓力空前，光憑男人的力量很難維繫一個家庭的進步和發展，這就需要女人勇於承擔責任。如果說男人是一個家的支柱，女人則是這個家的靈魂。

姐妹們，要想擁有幸福，就培養一個好個性吧！雖然打磨自己的個性是痛苦的，就像拔掉自己身上的刺一樣。但反過來想，適當地拔掉一些刺，妳就可以脫胎換骨，大受歡迎，周圍的人都願意幫助妳、成就妳，豈不是很划算嗎？

女人＝姐姐＋妹妹＋媽媽＋女兒

每一個女人都有四張面孔：姐姐，妹妹，媽媽，女兒。她們分別代表女人性情的四個不同方面：親切，嬌寵，溫柔，天真。

二十幾歲的女孩子處於女孩到女人的過渡期，討厭承認「姐姐」和「媽媽」的角色，更願意唱著「我不想長大」，一直扮演「妹妹」和「女兒」。然而，事與願違，在我們的文化傳統中，沒有哪個女人能夠一輩子做女孩。社會賦予女人的身分太明確，時間緊迫，年齡不等人。當妳不再是部門最年輕的員工，當街頭花園裡玩耍的小朋友不再叫妳「姐姐」而叫妳「阿姨」時，妳就該明白，自己眞的不是小孩子了。

我接觸過很多不同領域、不同年齡的女性，據她們自己回顧，差不多是在走上工作職場那一年開始，自己就有變「老」的意識，不能再像學生妹一樣嘻嘻哈哈、肆無忌憚，也不能像在家裡一樣總做乖乖女。要熱衷辦公室政治，要學會心計和手段，特別是自己成爲「前輩」之後，看到那些年齡更小的「後輩」對自己點頭哈腰的時候，更是有一種「忽然長大」的感慨。自己不再是天眞懵懂的「小師妹」，處處找人幫襯照顧；也不再是職場新生兒，犯錯之後可以擺出可憐兮兮的神情乞求原諒。我們得像師姐一樣帶新人，要拿出慈母般的耐心照管那些束手無措的菜鳥。

當一個女孩學會承擔更多責任、懂得顧及別人的時候，就變成了女人。

茉莉在某出版機構任職，我們因工作結識，後來慢慢成為朋友。她是那種把女人的四面性結合得很好的人。談工作時，茉莉是一副標準的職場女強人模樣，大氣、幹練、有擔當、有責任感，對待下屬有張有弛，旁人冷眼看過去，就像一位母親訓斥不聽話做錯事的小孩子。等「孩子」認錯之後，她又變回「老大姐」，和顏悅色，語重心長，說幾句情真意切的肺腑之言。

在上司面前，茉莉還懂得適時撒嬌和示弱，說幾句好話，講一番恭維，搞得上司也不好意思對這個「妹子」過於苛責。

在工作以外的生活中，茉莉更是懂得把四種身

分拿捏得恰到好處。跟好友在一起，她能像姐姐那樣關心人、體貼人，也會像小妹妹一樣央人照顧憐愛。她疼愛地把老公喚作「大兒子」，對他悉心照料；也會噘嘴撒嬌做回小女兒模樣，和女兒一起在老公面前要冰淇淋吃。

朋友們常說：「難怪妳和老公在一起那麼多年都恩恩愛愛，原來除了夫妻關係，還有『父女關係』和『母子關係』。」

對此，茉莉絲毫不否認，甚至驕傲地說：「妳們難道沒聽過嗎？女兒是父親上輩子的情人。我老公有兩個情人守在身邊，自然要多抽出時間照顧家庭啦！」

老一輩的人總說：人到了什麼年紀，就要做什麼事。我認爲這是很好的建議。雖然時代進步了，人們的思想不再像以前那麼保守，但觀念這個東西是有慣性的，不可能一下子就徹底擺脫傳統。

在人們心中，女人總要有「女人」的樣子，妳可以去職場打拼，可以去生意場上較量，但要保持住「女人」的特性：親切、嬌寵、溫柔、天眞。哪怕它們被隱藏在「女強人」的表象之下，妳也要找準機會，盡情釋放它們。

做「老好人」沒什麼不好

老子云：「大音希聲，大象無形。」真正有強大力量的人，不是張牙舞爪的夜叉，而是不露神色的菩薩。

說話不佔上風，做事不佔便宜，這樣的女人能夠與任何人平等相處。

曾經，我非常討厭「老好人」這個稱呼，幾乎把它跟「狡猾」、「奸詐」、「陰險」等辭彙等同在一起。要說誰是「老好人」，我已經在內心裡跟他劃清界限了。隨著年齡的增長，反觀「老好人」這類人，又很佩服他們，願意跟他們親近。因爲這樣的人安全、貼心。

老好人面對妳的時候，總是一張笑臉。當妳心煩、焦慮、緊張、不安的時候，見到這樣的笑臉，情緒會稍稍安定下來。當妳取得成績、獲得眾人讚譽的時候，他對妳的笑臉還是那樣，並沒有因此而笑得更諂媚、更討好。由此，妳會對他產生一種信賴。

老好人嘴比較嚴，一般不會把聽來的事情隨便跟別人說。他銘記「禍從口出」的古訓，倒不是爲了保護妳，而是爲了保護自己。

老好人不一定善良，但絕對不壞。他不會背後使壞，因爲那樣有損他「老好人」的形象，傳出去好說不好聽。很多事，他看得透、想得明白，但不會輕易說出來。他洞悉職場潛規則，卻不會用這樣的規則去害別人。

老好人不見得「嘴甜」，但也不會「嘴酸」。妳出個洋相，或是丟了面子，或是鬧了笑話，別人都在笑妳、打趣妳、挖苦妳，老好人不會。也許，他稍稍面露笑意，但不等妳尷尬，他的笑容已經收起來了。他會慢條斯理地說：「沒什麼大不了的，誰沒犯錯的時候，我當年比妳還……」他會自爆家醜爲妳遮羞，在公眾面前給妳找個臺階下。

老好人希望被人說「好」，這就會讓別人誤會他「假惺惺」。其實，這是一門處世的藝術。別人說他好，喜歡他，歡迎他，他跟別人合作做事情的時候才能順利，他求別人辦事情的時候才不會吃閉門羹。相反地，很多年輕人大言不慚地說：「我不在乎別人怎麼看我，就算所有人都不喜歡我，我還是我行我素！」妳二十歲的時候這樣說沒人跟妳計較，三十歲的時候再這樣說，就等於把自己孤立起來。沒人願意跟妳打交道，沒人願意跟妳合作，沒人願意幫妳，甚至，可能有人還會落井下石，妳遭遇困難的時候在一旁幸災樂禍——誰讓這傢伙不知天高地厚呢！

老好人很少有煩惱，因爲他想得開。人跟人之間，不就那麼回事嘛！說好聽點是「人人爲我，我爲人人」，老套一點就是「魚幫水，水幫魚」。大家低頭不見抬頭見，免不了有個磕磕碰碰，但那都是內部矛盾，不應該升級成敵我矛盾。從大局出發，從長遠著想，大家還是相親相愛一家人來得愉快。

老好人對別人都很寬厚，妳惹了他，他不惱；妳擠兌他，他一笑置之；妳欺負他，他以德報怨。但是，他對自己很嚴格，不該說的話絕對不說，每個字每句話都要想好了再說，每件事要怎麼做必須認眞權衡。他寬以待人，卻嚴於律己，給自己劃定了各種不能出的圈子。所以，他跟大家的關係都不錯，又都有一定的距離感，妳親近不得，又不捨得離開。

老好人，是有道行的人，有城府的人，成熟的人，淡定的人。成爲一個老好人沒什麼不好，溫暖而不燙手，清香卻不濃郁，張弛有度，進退有法。

女人若能修練如此，還有什麼事做不成，還有什麼得不到？

用微笑照亮人生路

「冰山美人」固然有個性，但一個臉上總掛著微笑的女人更能融入人群，成為人際交往的贏家。

因為微笑有縮短距離的功效，可以使人產生安全感和親切感。

微笑是女人最好的化妝品。當妳對一個人微笑時，就是在告訴他，妳喜歡他，尊重他，願意跟他接近。這樣，妳也就容易博得別人的尊重和喜愛，贏得別人的信任。

一張總是板著的臉、慍怒的臉、兇悍的臉難以想像會是美麗的臉。回眸一笑百媚生，唐伯虎窮盡其能只因迷戀秋香「三笑」，周幽王烽火戲諸侯也只爲換得心愛的女人一笑。女人的笑，眞的可以傾國傾城。

芳茗在大學時代專攻美術，夢想是成爲一名插畫家，但苦於沒有機會。畢業後，她暫時在圖書館做圖書管理員的工作，一邊打工，一邊抽空往出版社投稿，推薦自己的插畫作品。

一天，一位四十多歲的男士來還書。跟往常一樣，芳茗笑著對他說：「你好！」然後接過他手中的書。她看了一眼書的封面，竟被這本書深深吸引住了，原來這是一本集合了義大利著名童話作品的插畫書。

芳茗高興地問他：「這本書好看嗎？」

還書的男士早就習慣了圖書管理員的死氣沉沉，剛才那個微笑已經讓他「受寵若驚」，聽到這樣的對話更是驚訝。他先是愣了一下，繼而微笑著說：「如果對插圖有興趣的話，這是一本值得參考的書。」

「眞的嗎？那我一定要借來讀一讀。」芳茗的臉上洋溢著愉快的笑容。還書的男士忍不住多問了她一句：「妳喜歡看插畫，還是會畫插畫？」

「我想當個插畫家，」芳茗有幾分羞澀地說，「不過我還在學習累積經驗中。」

「是嗎？我給妳一張名片，方便的話可以跟我聯絡，我想看看妳的作品。」

看到這位男士遞來的名片，芳茗的腦袋裡幾乎有一陣幸福的眩暈——他竟然是一位以出版畫冊聞名的主編。

就因爲這次的機緣巧合，芳茗成了一名插畫家。在以後的工作往來中，主編對她說，雖然她的繪畫技巧還有欠成熟，但是她爲人親切，笑容明亮，一看就是用心繪畫的人。

女人的親和力，往往是透過微笑表現出來的。如果是二十幾歲的人，待人和藹、善於交際，人們會誇她「脾氣好，又會撒嬌」。「冰山美人」或許能夠贏得一部分人的崇拜，卻永遠無法讓大眾認可她、愛戴她。相反地，一個相貌尋常，臉上經常帶著笑容的女子，能夠交到更多的朋友，也能獲得更多的讚譽和支持。

也許妳會抱怨說：「工作那麼累，每天被家務事纏身，叫我怎麼笑得出來嘛？」

其實，笑是一種習慣，是可以訓練的。

西方一位心理學家曾經專門做過「微笑訓練」的實驗。實驗內容很簡單，就是要求接受實驗的人每天都要對人微笑——不管心情如何，遭遇什麼事情，都要把這個動作做到位。這個看起來「慘無人道」的實驗，居然取得了令人驚奇的效果。一個月後，參與實驗的人對專家說：「我原本不愛笑，但『強迫微笑』之後，我養成了微笑的習慣。現在，我工作中的人際關係變融洽了，家庭關係也更和睦了。我想到從前冷冰冰的自己，覺得眞是不可思議。」

這個實驗告訴我們，內心的感受是可以經由外部體驗來改變的。換句話說，心裡裝著不開心的事，若是臉上笑一笑，心中的不開心就會減輕一些。

妳可以在每天早上起床後，每天晚上上床前，都對著鏡子裡的自己笑一笑，生活會變得更美好，困難會更容易解決。

自戀總比自卑好

我眼睛小，有助於聚光；我嘴巴大，性感媲美舒淇；我唱歌走調，更適合說唱風格；我大餅臉，那叫佛相。不管怎樣，妳都擋不住我霸氣外露的自戀，這一切總比自卑好。

明明有點粗俗，卻活得自由快樂；明明難登大雅之堂，卻不把天王老子放在眼裡；明明胸無點墨，卻敢挑戰權威。這就是「自戀」。帶著一種黑洞般的自信，帶著一種頑劣的生命張力。

如果一定要在「自戀」和「自卑」之間挑一個的話，我寧可選擇自戀，也不要選擇自卑。若是一個人被自卑感控制，那麼他的精神生活就會受到嚴重的束縛，聰明才智和創造力也會因此受到影響而無法正常發揮作用。

我的好友雨嫣的故事，就是一個活生生的「醜小鴨變成白天鵝」的童話，也是自卑少女變成自信女人的心靈修行歷程。

因為患有先天性腦炎，雨嫣從小就行動不便。父母為此特別注重培養她的心智，力求讓她和其他孩子一樣正常、快樂地成長。然而，隨著年齡的增長，雨嫣還是被自己的「另類」所困擾，墜入了自卑的陰霾，不肯出門，不肯見人。

她說：「我的青春期就是在等待中度過的，可用一個字總結：熬。」

後來，雨嫣嘗試在網路上寫文章，逐漸得到網友的認可，並在朋友的推薦下出版自己的作品，成爲了知名作家。

自立，讓她走出了自卑的陰影，不再當一隻「被囚禁的鳥」。她成爲了一個自信滿滿的女人，開始欣賞自己，主動結交朋友，並且有了男朋友。

在訪談文章裡，她寫道：「青春期的經歷讓我知道，只要妳沒有被自卑感摧毀，只要妳站起來了，回頭去看來時路，妳會感謝少年時期經歷的磨難，它讓妳心態更早的成熟，讓妳更懂得珍惜今天的快樂。」

自卑情結是我們最大的敵人，特別是女人，在自卑的籠罩下，眼神會變得游離不定，脖子不知不覺也會縮起來。由於心裡有包袱，精神面貌就會很糟糕，整個人沒了神采，也就很難交到朋友。

所以，寧可自戀，也別自卑。

記住那句話：「我們的生命不是因爲討別人喜歡而存在的，我們是自在之物。」只要妳認定了這一點，自卑的枷鎖就會被打開，就可以自由地呼吸了。

做個大氣的小女子

男人的大氣常常被彰顯，女人的大氣卻很少被提及。其實，大氣的女人往往更加令人耳目一新，更讓人刮目相看。

生爲女人，若是小氣，沒人批評妳；若是大氣，會有很多人愛妳。這是件好玩的事。我曾經想學著做個小氣的女人，小肚雞腸，小腦袋裡老是在盤算……可是我最終狼狽認輸，這與我從娘胎裡帶來的基因相去甚遠。於是，我期待自己能做個大氣的女人。

女人的大氣，「大」在胸襟，「大」在度量，「大」在視野和思路。

大氣對於女人來說，是一種內秀，是一種美德，更是一種福分。

大氣的女人，或許沒有漂亮的容顏，沒有魔鬼的身材，但是她識大體，重儀表，莊重的場合絕對不讓別人難堪，輕鬆的場合甘當開心果。縱然她做不出驚天動地的大事業，但其氣質之大，足以讓男人爲之讚嘆。

大氣的女人，不會在追名逐利的競技中迷失自我，也不會在勾心鬥角的角逐中丟失本色。體貼的女友、賢慧的妻子、慈愛的母親、孝順的女兒，才是她願意扮演的角色。年輕時候做個好同學、好朋友，年紀大了做好姐姐、好阿姨，與周圍的人和睦相處，其樂融融，這是多溫暖的境界。

大氣的女人，認眞生活，但不做生活的奴隸。她懂得爲自己創造悠閒舒適的環境，喜歡在陽光沐浴下讀自己喜歡的散文，喜歡和心愛的人漫步在林間小道，盡情享受生活的快樂。

大氣的女人不會因爲狹隘的空間而束縛住內心的自由。她不爲一己之利而傷神，不爲不義之財而竊喜，更不爲他人騰達而嫉妒。

大氣的女人，不需要刻意強調自己的生日，向朋友索要禮物；但是會記得朋友的生日，即時送上祝福。她因淡然而快樂，因忘我而投入，因無憂而輕鬆，所以會有讓人敬佩的心靈之美。她不去主動與人親近，也會吸引朋友無數。

大氣的女人不一定野心勃勃，但是她有自己的夢想和追求。她拒絕平庸，渴望實現自己的價值。她不輕浮、不粗俗，絕不會在捷運或公車上使盡渾身蠻力只爲爭一個座位，而是會默默把自己的座位讓給老人或抱小孩的爸爸媽媽，並坦然接受別人的謝意。

從今天開始，努力做個大氣的女人吧！

傾聽的姿勢是美麗的

傾聽，是對說話者的一種高度的讚美和最好的恭維。一個懂得傾聽的女人，能夠結交更多的朋友，獲得更多的機會，吸收更多的智慧。

有一段時期，我懷疑安瀾對我施加了巫術！

明明認識還不到兩個月，爲什麼我把她視爲知己？如果她沒有對我做什麼手腳，爲什麼我總想找她聊天？爲什麼跟她聊天的時候，我總能暢所欲言，妙語連珠？爲什麼很多話我不願意對別人講，卻願意對她掏心掏肺？

難道是她對我進行了催眠？

想著想著，我驚出了一頭冷汗。

後來，我認眞回憶我們的每一次見面的情景，哇，謎團終於解開了！

她當然沒有把我催眠，更沒有對我用什麼巫術的手段，她不過是非常認眞、非常耐心地聽我說話罷了。

當時，我剛剛結束一段非常投入的感情，受到巨大打擊。身邊朋友輪番勸了我一遍，然後就各忙各的去了。我知道，失戀這件事別人幫不了，只能自己努力療傷。

可是我非常渴望傾訴。

就在那時，我認識了安瀾。她是一個瘦小的女人，安靜、恬淡，剛剛結婚，老公是我常去的一家咖啡館的老闆。他們夫妻在網路上聊天認識，見面後就辦了登記結婚，也就是現在流行的「閃婚」。

咖啡館老闆說：「安瀾有種魔力，能夠讓人找到平靜。」

我有幸領教了她的「魔力」。

忘記了是怎麼開始的，可能是一個慵懶的下午吧？我去咖啡館坐著發呆，然後就跟安瀾聊了起來。談及失敗的戀情，我覺得萬念俱灰。

安瀾輕輕拍拍我的手背說：「我理解妳這種心情。相信我，一切都會好起來。」

我知道自己的故事老套極了，朋友們都不想聽我反反覆覆地嘮叨了，但是安瀾整整聽了一個下午，絲毫沒有厭煩的樣子。

之後的日子，我總是去找安瀾聊天。說是聊天，大部分時間其實是我說她聽。漸漸地，我明白了她的「魔力」有多厲害，她只是那樣安靜地坐著，略微歪著頭，身體朝我的方向微微靠近，認真地看著我的眼睛。於是，我的話匣子就自動打開了，源源不斷地向她傾訴。

我這才終於明白了「傾聽」的魔力，它真的可以讓人自動說話，並且迅速跟傾聽者建立良好的關係。

很多人際關係專家都得出過類似的結論，認眞傾聽，對對方而言就是最好的褒獎。最擅長使用這個交際技巧的是推銷員，因爲他們與顧客直接面對面交流，顧客會對他們推銷的產品提出各式各樣的問題。如果不認眞傾聽，他們可能就弄不清楚顧客的問題，無法做出合理的解釋，因此而得罪顧客。相反地，認眞傾聽會讓顧客覺得自己不僅買了商品，還買到了服務和尊重。一樁愉快的交易便輕而易舉地達成了。

在人際關係中，傾聽是基本的溝通手段之一。談到「溝通」，我們總是先想到「說」，其實，聽比說更具有技巧性。如果妳認眞觀察一些訪談節目就會發現，那些優秀的主持人，大多數時間裡都是在認眞傾聽嘉賓講故事。主持人會提前列出一些問題，在節目中起到一個引導性的作用，讓嘉賓把話匣子打開。在此之後，時間都是嘉賓的，主持人只要認眞傾聽就好。並且聽得越專注，越是在鼓勵對方「爆料」自己更多的事。

馬克森是一位出色的新聞記者，他最拿手的就是採訪領袖人物。很多不願意開口的領袖人物，他總能勾起對方的講話慾望。他的私藏利器就是「傾聽」。他總結說：「一些大人物對我說，他們喜歡那些善於傾聽而非健談的人。由此可知，傾聽是一種了不起的才能。」

想做一個有好個性的女人，就要擁有一雙善於傾聽的耳朵。它能幫妳得到更多有用的資訊，交到更多知心的朋友。

女人最美的步調叫「從容」

不管妳如何急躁，時鐘永遠是一分鐘六十秒、一天二十四小時地走著。既然如此，為何不舒展眉頭，放寬心態，從容地面對生活呢？

我常常想，現在是一個最好的時代，也是最壞的時代。說它好，是因爲物質生活充裕了，精神世界更自由，人們有更多的選擇和機會，女人的生命呈現出更多的可能性。說它壞，是因爲慾望太多、資訊太多、誘惑太多，我們每天都見到、聽到太多垃圾資訊，容易擾亂我們的心智，迷失前行的方向。

因爲對物質的渴求太多，所以丟掉了心底深處那份氣定神閒。若是時光倒退二十年，一位時尚新潮的女郎走在街上也許會贏得最高的回頭率；但是在今天，一位波瀾不驚的散淡女子更顯得珍貴——因爲稀有。

人們常常抱怨自己被時代裹挾著往前走，腳步慌亂，卻不敢讓自己的節拍慢下來，回歸從容。其實，從容對於女人來說才是一種陰性的力量，不必大張旗鼓、地動山搖，只需春風化雨、潤物無聲。就像聲嘶力竭的重金屬只能流行一時，而舒緩輕柔的輕音樂可以流傳幾個世紀。

從容，使女人處亂不驚，遊刃有餘。
從容，使女人落落大方，自然流露高貴的氣息。
從容，使女人不怒自威，讓人仰慕的同時又有些敬畏。
從容，使女人分寸得當地處理關係，很少陷入是非漩渦。
從容，使女人細心、踏實，妳看不到她分秒必爭、風馳電掣的樣子，但是她的工作都會保質保量地按時完成。

然而，從容兩個字，說起來容易，做起來好難。

我們的時代流行一種「病」，叫做「浮躁」。在千奇百怪的誘惑下，我們有太多的人難以把持自己，渴望迅速發財，渴望盡快嫁個好男人，渴望一步登天、一鳴驚人。才剛剛種下樹苗，就渴望藉它乘涼；才剛剛埋下種子，就渴望收穫果實；唱了幾首歌，就把自己當成大明星；發表了兩篇文章，就急著成爲暢銷書作家……這些，都是浮躁的表現。

因爲被浮躁感染，所以沒有了從容的氣度，變得急功近利，好高騖遠。柔弱的小女生變身成爲母夜叉，賢慧的俏媳婦變身成爲望夫成龍的悍婦，丟掉從容腳步的女人，常常選錯了方向，走岔了路，再難回頭。

有兩個年輕人一起在湖畔釣魚，用的是同樣的釣具，成果卻大不相同。其中一個，時不時就釣到一條肥碩的大魚；而另外一個，始終「無魚問津」。後者問前者：「爲什麼魚都跑到你那裡去了？是不是你的魚餌比我的好？」前者笑笑說：「你肯定是新手，不懂釣魚的道理。你太著急，煩亂不安，手裡拿著魚竿動來動去，魚自然不會上鉤。我呢，靜靜守候，悄悄等著魚上鉤，看準時機才用力拉釣竿，自然能夠釣到大魚啦！」

我們渴望舒適的生活，渴望美滿長久的婚姻，渴望先生體貼、子女聰明，這些卻不是一朝一夕就能實現的。舒適的生活需要我們一步一步改善才能得到，美滿長久的婚姻需要兩個人互相包容體諒、在長期的磨合適應中才能實現，先生的性情和孩子的成長，都需要我們女人付出耐心和愛心去培養。要不怎麼說「好女人是一所好學校」呢？

女人要學會法鼓山聖嚴法師的「四它」名言：面對它、接受它、處理它、放下它。不論面臨多麼複雜的狀況，不論承受多麼大的壓力，只要保持從容的態度，內心就會升騰起一股強大的力量，行動也將因此更有力量。

Chapter 6

交友換位｜將心比心對朋友

女人交友，不必大富大貴，但要高雅有品味；
不必攀龍附鳳，但要有所選擇。
加之，女人都有拉近人際關係的天賦，閨中密友、異性好朋友，都可以成為生活中的好夥伴，前進道路上的助推器。

交「有用」的朋友，做「正經」的事

女人可以沒情人，卻不能沒朋友。

總有些愁緒無法向爸媽訴說，總有些心事老公和孩子無法體會，但朋友可以分享、傾聽、化解。朋友就是我們的消息樹、小百科、智囊團，更是我們走完漫長人生不可或缺的伴侶。

說到朋友，總想到閨中密友、同學之類的人。其實，當我們走出校園，走進社會這個大「學校」，朋友的定義就寬泛多了。在職場中競爭的同事、合作的夥伴，其實都算得上是朋友。再寬泛一點說，能夠相互促進，相互幫助的，都是朋友。

這種觀點看似顯得太過功利，男人才這樣交朋友呢！其實，女人在選擇朋友的時候還是比較感性的，憑感覺、憑喜好、憑心情，至於有用沒用好像只是附加品，有用更好，用不著也無所謂。這種態度其實也沒什麼錯，只不過是隨性了一些。

所謂的「觀其友知其人」和「近朱者赤，近墨者黑」，都告訴我們只有交到有用的朋友，才能使我們更加進步。

這裡所說的「有用」，不光是對我們的事業有幫助，還要對我們的個人品質有益處。

在人生的不同時期，每個人的朋友構成也在發生著變化，結交那些對我們有用的朋友可以讓我們在各個方面受益良多。

網路上看過一篇文章，大意是說，想在城市裡生活得好，需要有「二十個」朋友，其中涵蓋了醫生、員警、律師、理財師等等，這些人都能滿足妳各種需求，當妳有了某方面的困難時，找「朋友」總比花錢雇人方便得多。

中國是一個人情社會，到哪裡都是有關係好辦事。比如說醫療，美國人大多有自己的私人醫生或者家庭醫生，他們之間保持著朋友關係，有病就找這個固定的醫生，這就避免了「坑矇拐騙」等醫德不良者從中牟利的現象——花錢事小，耽誤病情事大。許多人都有這樣的經驗，想在「大醫院」找一個床位有時是蠻困難的，心裡都明白這個潛規則：有關係好辦事！

再拿打官司這件事舉例。中國人不愛打官司，愛「私了」，能夠私底下化干戈爲玉帛最好。但是，很多事情私底下擺不平，這時候妳就需要訴諸法律。好，問題來了。妳直接去告狀？很難，總要找個律師先諮詢一下，問問情況。難怪天底下那麼多笑話來諷刺律師，人家一張嘴就要錢的。妳以爲妳有錢就能搞定？錯了，那得看妳身上有多少油水可撈，要是律師拿不到多少錢，而官司本身又沒有什麼勝算，人家才懶得爲妳打官司。

最後妳的表情會跟在醫院裡一樣，感慨著說：打官司沒熟人可眞不行！

我不是在危言聳聽，看病也好，打官司也好，我都經歷過，深知「沒熟人」的尷尬和「有熟人」的便捷。所以我才非常認眞地跟妳說，交「有用」的朋友是多麼必要的一件事。

說到這裡，不得不再次提到那句「好風憑藉力，送我上青雲」了。我們生活在社會中，就是要相互幫助，相互照應。朋友是如何產生的？是在一重又一重的關係牽連中，經由不斷互動產生的，也只有繼續牽連、不斷互動才能保持下去。

「別後不寄一行書」，這樣的朋友是很難維繫下去的。在幫助朋友的過程中，妳會享受給予的快樂；同樣，妳向朋友求助，也會讓朋友感覺到自身的重要性。很多時候，人都是藉助別人的弱小來顯示自己的強大的。一個「行將就木」的人會覺得自己一無是處，妳若是求他做件事，他會重新煥發新的生機。這也是「朋友」彼此成就的意義所在。

我可以很負責地和各位姐妹說，交「有用」的朋友絕不是勢利眼，而是一個人成長、成熟所必須的。人的一生有多少事情要做，上學上班，結婚生子，再培養下一代上學上班、結婚生子，這都是「正經事」，是妳無法迴避的環節。憑一個人的力量很難完成。妳需要朋友的幫助和指點，有來有往，互利互惠，每個人都爲朋友做一些能力所及的事，就能實現雙贏，皆大歡喜。

牽線搭橋，編織關係網

妳幫我，我幫妳，大家附著在一張關係網上面，這就是無「網」不利。如今走向社會的女性越來越多，更應該靈活運用女性的交際哲學，充分發揮性別的優勢，為自己的人際加分。

美國有一位炙手可熱的企業管理顧問，名爲艾米·亨利。她是哈佛商學院的高材生，曾在世界知名的ＩＴ企業擔任高階主管職務很多年。後來她自己創業，建立了一家管理顧問公司，合作客戶的名單上有ＩＢＭ、麥肯錫公司、摩根大廈等聞名世界的著名大企業。

她是怎麼做到的？在她的暢銷書中，她總結了一些自己的成功經驗，其中最重要的一條就是建立自己的關係網。艾米坦言，早在商學院上學的時候，她就瞭解到了人脈的重要性，並且開始動手建立自己的職業關係網。

年輕的艾米爲自己準備了一個筆記本，做爲自己的「求職備忘錄」。在這個別出心裁的本子上，她列出了長長一串名單，這些都是她所嚮往的公司名稱。對照這份名單，她給人力資源部門發去求職信。她每發一封信、打一個電話，或者跟某人談一次話，都會記錄到這個本子上，內容包括日期、時間、通信性質、對方的回饋等等。她把各種「遭遇」都詳細備案，從中找出自己的優點和不足。這樣，她就掌握了跟管理人員溝通的基本方法。

接下來，她開始更加正規地求職。她不再漫無目的地給公司的人力資源部門打電話，而是查找公司的網頁，找到部門主管的聯繫方式。她直接聯繫那個主管，問他是否負責新員工的招募。如果恰好是他負責，艾米就會積極主動地自我推薦。如果他不是負責人，艾米就懇請他指點迷津，告訴她應該找誰，以及那個人的聯繫方式。

透過這樣的方法，艾米在很短的時間內就認識了很多公司的部門主管，而且極大地提高了自己求職的命中率——因爲部門主管更明白自己需要什麼樣的員工。

艾米和其他同學在同一時期內開始找工作，但她的薪水卻很快超出別人數倍，其中最主要的原因就是她懂得如何靠「關係」拉近自己和招募人員的距離。

林語堂大師曾經說，女人天生就是拉關係的高手，他寫道：「比方女子在社會中介紹某大學的有機化學教授，必不介紹他爲有機化學教授，而爲哈利生上校的舅爺。而且上校死時，她正在紐約病院割盲腸炎，從這一點出發，她可向日本外交家的所謂應注意的『現實』方面發揮——或者哈利生上校曾經跟她一起在肯辛頓花園散步，或是由盲腸炎而使她記起『親愛的老勃郎醫生，跟他的長鬍子』。無論談到什麼題目，女子是攫住現實的。她知道何者爲充滿人生意味的事實，何者爲無用的空談。」

什麼是「現實的」？關係！什麼是「無用的空談」？不能帶來實際利益的空話！

既然我們女人有這種拉關係結人脈的天賦，就應該在工作和生活中充分利用這一優勢。

那些親密無間的同窗；帶給妳領悟和鞭策的導師；帶給妳感情、安定和多種幫助的前輩；帶給妳理解、溫暖和安慰的同事；帶給妳機會和賞識的上司；帶給妳支援、幫助、忠誠和方便的下屬；帶給妳業績的客戶……等等，都是妳潛在的人脈關係網。

他們不但能夠協助妳完成工作，還可以爲妳提供很多情報——從升職加薪跳槽的機會，到相親結婚育兒教子的方法。

審視自己的「交際生態圈」

古人云：「與善人居，如入芝蘭之室，久而不聞其香，即與之化矣。與不善人居，如入鮑魚之肆，久而不聞其臭，亦與之化矣。」生動地向我們描繪了身邊交際圈品質的重要性。與高層次的朋友在一起，能夠逐漸與其比肩；長期與不如自己的人為伍，慢慢就會降低自己的水準。

一般說來，二十幾歲到三十幾歲是結交朋友，建立圈子的黃金時期。這個時候我們走出校園，接觸社會，就像新生兒一樣對周圍有強烈的好奇心，會迅速結識很多朋友。

之後，隨著接觸的深入，妳會懂得遴選，哪些人是值得深交的，哪些人只是萍水相逢，哪些人是可以合作的，哪些人不能牽扯利益關係……聰明的女人往往會去主動結交那些在某些方面強過自己的人，比如財商更高、學識更淵博、閱歷更豐富、人脈更寬廣……等等。這樣的朋友多了，不僅可以得到幫助和指點，也能夠耳濡目染，跟著他們提升自己的身價和品味，躋身到更高層次的社交圈子裡去。

子娟出生於一般家庭，姿色中等，本科學歷，大學畢業之後進入一家證券公司工作。因爲工作的關係，她接觸到很多高收入的中產人士，律師、醫生、媒體人等等。與這些客戶來往初期，子娟有一種強烈的自卑感，她覺得自己和他們是「兩個世界的人」，過著完全不同的生活。人家住的是郊區獨棟別墅，自己卻租住簡陋的舊閣樓；人家開的是寶馬賓士，自己每天灰頭土臉擠公車；人家買賣證券獲利頗豐，自己只拿著微不足道的佣金。

心理落差實在太大了，導致子娟甚至一度產生了躲避的念頭。她想：「我在學校的時候也算是很優秀的學生，進了證券公司工作也被家裡人引以爲傲。現在跟這些有錢的客戶一比較，才知道自己太微不足道了。」這種想法在心裡生了根，子娟越來越害怕見到那些衣著光鮮的客戶，在接待客戶的時候，似乎也不像從前那樣開朗自信了。

一位前輩看出了子娟的變化，問她原因，子娟就把自己的心事說了出來。前輩開導她說：「傻丫頭，妳充實知識，出來工作，不就是爲了改變自己卑微的地位嗎？在這些有錢的客戶面前，妳雖然是個小小的經紀人，但是妳跟這些人接觸久了，可以學習他們是如何打理錢財，經營企業的。如果妳能夠跟他們成爲朋友，進入他們的圈子，說不定能夠找到更好的發展空間。人不就是這樣一步一步往高處走的嗎？」

前輩的話給了子娟很大的啓發，她調整了自己的思路，非常積極地接待那些客戶，並且與其中的一些人成爲朋友。以前，有客戶約子娟去打高爾夫，子娟是絕對不敢去的，她覺得那樣的「享樂世界」離自己很遙遠。但是，改變思路之後的子娟坦然接受了這些邀請。當她大方地告訴客戶自己從來沒玩過時，對方反而十分耐心地教她，這讓子娟非常驚訝。

與這些中產人士接觸多了，子娟越來越覺得他們並非高不可攀。子娟尤其喜歡聽他們一邊打球一邊談論金融形勢、分析股票走向，這極大地擴展了子娟的視野，讓她對證券行業有了更新、更前沿的認識。

就這樣，子娟逐漸從一個「菜鳥」變成深諳此道的行家裡手。

後來，經一位客戶的介紹，她成功跳槽到一家更大的公司做事。

猶太人的經商技巧被全世界的生意人競相效仿，其中很重要的一點就是賺富人的錢。珠寶生意是猶太人的重頭戲，他們算得很清楚，買珠寶的都

是有錢人，只有從有錢人的口袋裡才能掏到錢，窮人的口袋再怎麼掏也沒多少利潤。這條生意法則可以舉一反三運用到人際交往中，跟那些能力強、品味高的人在一起，妳會近朱者赤，使自己慢慢變成他們那樣的人。

有些人，更傾向於結交不如自己的人，在他們的身上找到心理優勢，滿足虛榮心。這樣做，也許會讓妳在短期內心滿意足，長遠看卻讓妳跌進一個糟糕的圈子。因爲與什麼樣的人在一起，妳就會慢慢變成那個樣子。妳不斷與底層的人交往，就會不知不覺降低自己的品味與需求，逐漸淪爲街頭巷尾最平庸無奇的那類女人。

這是妳想要的生活嗎？

如果妳渴望活得豐盛而精彩，如果妳對這個世界有足夠的野心，那麼，一定要審視自己的圈子。

當妳身處世界頂尖舞臺之上，即便是跑龍套，也有成爲大明星的機會；相反，如果妳一直在草臺班子裡面，即便是女主角，也永遠無法成爲耀眼的明星。

無「閨祕」，才「閨密」

不許翻開通訊錄，不許查看手機，妳能否一口氣說出五位好友的電話號碼？如果不能，還需用心喲！

好友可以在睡夢中被妳吵醒聽妳傾訴，可以把錢放心交給妳去做生意，可以為妳嚴守祕密分擔痛苦，妳怎麼可以不牢牢抓緊她呢？

大S和吳佩慈是圈中人所共知的好朋友，兩人是同學，從一起搭檔做節目，到合夥開店做生意，用親密無間來形容毫不過分。

當記者問大S「妳們之間有沒有祕密」的時候，大S很乾脆地說，沒有，如有事連她都不能告訴，那這件事一定是不對的。

男人們常常帶著鄙夷的神情說，女人懂什麼友情。其實他們不瞭解，女人之間的友情更單純、更透明、更包容。

女人是一種懂得付出和感恩的動物，內心柔軟，善良眞誠。雖然她在職場上表現得很生猛，但是

在個人生活中總有那麼一顆簡簡單單的水晶心。大S那麼果斷地說「沒有」，一方面是因爲她信任自己的姐妹，另一方面是因爲她對「友情」本身有信心。她不但把朋友當作傾訴的對象，還做爲辨別自己行爲對錯的準繩。可以對朋友坦蕩地說出來，就是對的；連好朋友都不能告訴，這件事就不對。

對我們新時代的女性而言，與好友一起消耗時光是一種享受，也是生活的一部分。不定期舉行聚會，或是週末一起吃早餐，或是晚上一起去pub參加party，不管單身進行時還是戀愛甜蜜中，好友之間必須互相傾訴、出謀劃策、彼此扶持。若是少了這個環節，女人的生活實在不完整。沒有「密」，「閨」中怎麼親密？

閨中密友之間可以無話不說，職場裡的失意與得意，戀愛中的甜蜜和苦澀，婚姻家庭中的和諧與不和諧，都是「閨中常備」的話題。閨中密友之間印證著彼此的成長，見證時間的流逝，兩兩相望時如同在照鏡子，就像范瑋琪歌詞中所唱的：「妳拖我離開一場愛的風雪，我背妳逃出一次夢的斷裂。遇見一個人然後世界全改變，原來不是戀愛才有的情節。」

閨中密友是那個懂妳心的人。妳費盡心思要讓男友明白妳的心意，閨中密友只要一個眼神就可以跟妳產生共鳴。妳多說幾句話老公就嫌妳嘮叨，閨中密友卻捨得花半天時間傾聽妳的心聲。有閨中密友在，妳不用擔心笑話太冷沒人捧場，不用擔心點了菜卻沒人動筷子。閨中密友跟妳共進退、同榮辱，她可以毫無顧忌地挑妳的不是，當面說出妳的缺點，妳也可以這樣說她，但是妳們仍然覺得彼此都是命運賜給妳們的最完美的禮物。

最神奇的一點在於，「閨中密友」並不用整天黏在一起、形同雙生。我們都在自己特定的軌道上奔波著、忙碌著，卻總是能夠一拍即合、一呼百應。有這樣的感情做後盾，妳不怕失業，不怕失戀，不會對人世失望。這樣的一份感情，值得我們去培養，去灌溉，去珍視。

女人的安全感不是完全來自男人——在很大程度上講，恰恰是這些思維大條，行爲另類的傢伙讓我們頭痛不已、心生畏懼。而閨中密友之間互相打氣，互做靠山，卻能共同走過人生一段又一段重要時光。

「紅顏」必須「藍顏」配

對女人而言，藍顏知己是非常知心的好朋友，當然比一般的朋友感情更進一步，什麼都能向他傾訴，但是也只能維持在這個距離。

沒有哪個男人敢大膽聲稱：「我老婆有個藍顏知己，我一點也不吃醋！」即便有人說，那也是打腫臉充胖子，醋罈子早在心裡打翻了。

在這方面，男人其實比女人還要小心眼。如果他很在意自己的女友或老婆，會把她當成「私人物品」，絕不允許外人分享。但是，就像男人都嚮往紅顏知己一樣，女人偏就缺少不了藍顏知己。

男友也好，老公也好，終究不能幫女人解決所有難題。特別是涉及到工作、生意的事情，就特別需要一個內行的、夠強大的人來爲我們出謀劃策。很多時候，藍顏知己就充當智囊團的角色。

工作上相互幫助，有困難一起想辦法，我認爲這是最安全、最穩定的「藍顏知己」。

因爲深知彼此不可能產生愛情的化學作用，所以才能獲得如此純粹的友誼。爲了不打破這種和諧與平衡，明智的男女也從來不去想彼此之間會不會有其他可能。

基於這個前提，智慧的男人才有了成爲女人藍顏的可能，聰明的女人才具備成爲男人紅顏的資本。那個貼心的異性朋友永遠陪在身邊或者藏在心裡，但誰也不會有罪惡感，也不需要逃避，更不必擔心自己愛上了對方，因為他們都知道那只是依賴而不是愛。

藍顏和紅顏之間的依賴，是知己才會有的依賴。這種依賴是相互的，彼此的付出都能得到相對的回報，公平得很，彼此都是贏家。

有這麼一個段子說，一個女人的完美生活中需要四個男人：一個老頭，一個醜奴，一個壯小子，一個男「同志」。老頭像父親一樣疼妳，把豐厚的遺產都留給妳。醜奴給妳做家務，幫妳買東西，還把妳當成最美麗的女主人來崇拜。壯小子自不必說，床上的事都交給他了。剩下的那個男「同志」，陪妳逛街、買東西、做臉、聊八卦。

這奇妙的「四人組」，是不是說到妳我心坎上了？不妨讓「藍顏知己」來充當妳的男「同志」吧！

年長的朋友不可少

難道是戀父情結作祟？很多女孩子都願意結交年長的「大叔」做朋友。「大叔」給我們建議，「大叔」縱容我們的小脾氣，在「大叔」的映襯下，我們顯得更年輕。嚴肅地講，在女人的通訊錄裡，應該有這樣幾位年長的朋友，他們超出我們十幾年甚至二十幾年的閱歷，能夠教會我們很多東西。

人在年輕的時候常常覺得跟年長的人難以溝通，這就是我們常說的「代溝」。甚至有人說，年齡相差三歲就會有一個代溝。

其實，聰明的女孩子應該及早從這樣的誤解中走出來，主動結識一些「老」朋友。

中國有「忘年交」的說法，就是年歲差別大、行輩不同而交情深厚的朋友。身邊有幾個這樣的朋友，可以在妳一籌莫展的時候幫忙出謀劃策，也可以在妳迷茫困惑的時候指點迷津。畢竟，他們比妳「多吃了幾斤鹽」，社會閱歷豐富得多。還有一點優勢在於，他們不是妳的父母，不會犯「愛之深責之切」的錯誤。父母由於太過關心我們，可能會在說某件事的時候言詞激烈，或者為了保護我們，不讓我們做一些事。而忘年交們，沒有這樣的顧慮，更能給出客觀公正的建議。

陳玉的父親被一場飛來橫禍奪走了生命，她的母親受不了這樣的打擊，一病不起。父親經營書店已有十年，陳玉之前卻很少過問書店的事，在這樣的關頭，只好挺身而出。

有的姐妹建議她說：「這很難的，妳不如把店直接賣掉，自己手中留一大筆錢多好！」也有的姐妹建議說：「妳現在是美女總裁啦！盡快找個有錢人嫁過去，讓他幫妳打理生意。」

這些意見都被陳玉否定掉了。

陳玉鼓勵自己盡快走出喪父的陰影，一邊請護理人員照顧生病的媽媽，一邊著手管理書店業務。她認認眞眞地查看了店裡這些年的帳目，把父親累積下的客戶資源徹底梳理一遍。

在父親的老客戶中，陳玉認識幾位叔叔，他們鼓勵陳玉說：「小丫頭，我們會幫妳把書店繼續經營下去。」

陳玉非常感激地請這幾位叔叔吃飯，認眞向他們請教書店經營管理的方法。她還主動拜訪了一些書店的店主，細心觀察這些書店的經營模式。

用了大約一年的時間，陳玉大致摸清了書店經營的門路，更重要的是，她與父親的一些老客戶成了忘年交。

陳玉的謙虛好學和勤奮刻苦的精神打動了這些人，他們幾乎是毫無保留地扶持她、幫助她。發貨時，這些客戶會盡量照顧陳玉，保證最新的圖書在第一時間內到達她的書店，並且給她最長的結款時間。

在這些忘年交的幫助下，陳玉不但成爲優秀的書店經營者，還開了第二家分店。在圖書市場並不繁榮的今天，陳玉幾乎是創造了一個小小的奇蹟。

有人問她成功的祕訣是什麼，陳玉笑笑說：「多虧老朋友們的指點和提攜。」

與年長的朋友交往，可以獲得一種「縱向經驗突破」。

我們大多與同年齡人進行橫向交流，這樣的交流最自然、最平等、最放鬆，比較有「共同語言」。與年長的人交往，隨意性就會減弱，不自覺就會有一種「被教訓」的感覺。

但是，反過來想，這些年長的朋友見多識廣，看待問題更加深刻犀利，更容易看穿表象揭示事情的本來面目。這不正是我們所欠缺的嗎？同年齡朋友，可以與妳同甘共苦，一同暢想未來，但是年長的朋友，卻很可能成爲妳的引路人。在他的指導和幫助下，妳會更加順暢地達成心願。

跟「小朋友」握握手

別去妒忌青春無敵的小蘿莉，也別朝著貌美如花的小正太淌口水，我們需要平等、平靜地去跟他們交朋友。

道理很簡單，未來永遠屬於年輕人，跟上他們的腳步，我們才不會變老。

結交「小朋友」，絕對不是剩女和敗犬女王的專利喲！這裡所說的「小朋友」，也不僅僅是「小男朋友」，而是所有比我們年輕的後輩們。

曾經有段時期，我恨那些小朋友恨到牙痛。「剛剛走出校門的小孩目中無人。」、「一個職場菜鳥完全不懂規矩。」這樣的牢騷話幾乎是每次閨中密友聚會的重點話題之一。做爲已經不再青春的「阿姨輩」，我們眞的對那些初出茅廬的小傢伙看不慣。

網路上流傳著這樣的說法：「六年級生，上班又加班；七年級生，上班不加班；八年級生，不上班不加班。六年級生，掙錢又存錢；七年級生，掙錢不存錢；八年級生，不掙錢不存錢。」雖然這話有戲謔的成分，卻也讓我們大呼「時代變啦」。

面對一波一波如雨後春筍般冒出來的小輩，我們該如何面對呢？是批評？鄙視？打壓？或是痛恨？若是一味採取這樣的不合作方式，恐怕以後的孩子都會沒有安身立命的機會了吧？

好友理惠在一家跨國公司做人力資源工作，面試過一個八年級生的女孩。她曾經做過一份信貸推銷的工作，堅持了九個月。

理惠問她跳槽的原因是什麼，小朋友怯怯地說：「壓力太大了。」理惠強壓住心頭的不滿，冷漠地說：「小妹妹，工作壓力大妳就要跳槽嗎？我們這裡工作壓力也是很大的。」

那位小朋友連忙爲自己申辯：「請您聽我解釋一下。我剛接觸那份工作的時候，完全沒有推銷的經驗，是從零學起的。我每個月的任務是一百萬元信貸推銷，爲了完成任務，我要挨家挨戶地找客戶。我一直咬牙堅持著，做了一個月又一個月。雖然很難，但是我的任務都完成了。和我一起參加工作的人早就走了，只有我做到了九個月。但是，我的能量已經榨乾了，我得了嚴重的焦慮症，失眠、頭痛，精神都要崩潰了。我完全沒有休息時間，滿腦子都是那一百萬信貸的指標，再這樣下去，我等來的不是升職加薪，而是毀滅。」

理惠原本對八年級生小朋友有抵觸心理，聽完她的話之後，竟然被感動了。自己一開始也是做推銷員的，可是做了幾個月之後就發現做這一行太難，於是轉行去做人力資源。這位小朋友，堅持了九個月不說，每個月還完成了業務指標，這對於一個毫無經驗的新人來說已經是奇蹟了。理惠第一次對「小朋友」有了惻隱之心，甚至開始重新審視所有的後輩。

在一次聚會中，理惠講到了這個故事，我們都唏噓不已，覺得那個女孩確實了不起。後來，在理惠的幫助下，那個女孩進入理惠所在的公司工作，成爲一名助理。也許是「苦日子」過怕了，進入新公司之後，她格外勤快，非常懂事，進步很快。

理惠說：「是不是我們錯怪八年級生小朋友了？」

我說：「我們是被偏見迷惑住了。時光往前推十年，我們也曾是前輩眼中的小孩，什麼都不懂，不會做事，也不會做人。既然前輩包容了我們，我們也應該學著包容後輩。」

「沒錯！」理惠說，「我還發現，這些年輕人很大膽，很有想法，對新事物特別敏感。」

「對呀！他們的成長環境跟我們不一樣了，身上肯定有很多新的特性，我們認爲他們太激進，他們可能背地裡喊我們老古董呢！」

「爲了不被叫做老古董，我們還是應該多跟小朋友接觸一下才行。他們的思維天馬行空，五花八門，眞的是很有想像力。」理惠不愧是做人力資源工作的，談到「人」的話題總是特別興奮。

理惠說，她的部門有一些三十歲左右的年輕人，經常提出一些大膽又有創意的想法，她甚至產生一絲羨慕嫉妒，害怕自己很快就被後輩超越。

跟「小朋友」交朋友，就是這樣讓我們五味雜陳。

「小朋友」讓我們走出故步自封的牢籠，接觸更多更新的資訊，督促我們用新的眼光看待問題。工作方法、管理方法、交際方法都跟著花樣翻新、與時俱進，也讓我們的心態永保年輕。

時代需要「小朋友」，我們也需要和「小朋友」握手言歡。

好話說給朋友聽

對朋友多說鼓勵和讚美的話，讓他切實感受到妳的誠意，無形當中妳們的感情就會更加牢固。傷人的話和道聽塗說的消息盡量少說或不說，那些言語就像一枚枚敲入牆面的釘子，即便以後能夠拔出，還是會留下醜陋的疤痕。

佛學大師南懷瑾說：「對別人勇於直言不諱地批評是品性剛正的表現，但善意地恭維別人也是世間不可缺少的。不管別人怎樣認爲，我總覺得，多說別人好話更對一些。」

讚美和批評都能改變、影響他人的行爲，但是從效果上來看，讚美要比批評更容易讓人接受。如果我們希望交到更多的朋友，如果我們希望受到朋友的歡迎和喜愛，就要學著多對他們說好聽的話。

我認識一個名叫鳳鳳的女孩，寫得一手好文章，經常在自己的部落格上寫一些心情小品文。

某次，鳳鳳對我說，她想做一次大膽的嘗試，計畫寫一部長篇小說。

我說：「加油，我相信妳一定行！」其實我知道，寫作是需要天賦的，一出手就能寫出特別棒的長篇小說是很難的。但她那麼誠懇地對我說出自己的理想，我當然不能說喪氣話。

一週後，鳳鳳傳給我一份文檔，那是長篇小說的起始部分，已經寫了二萬多字。我認眞地看過，

文筆沒得說，但是結構稍微有一點點散亂。我擔心打消她的熱情，便說：「很好，繼續努力，我很期待妳的作品！」

聽了我的話，鳳鳳很興奮的樣子，在ＭＳＮ上給我打出大大的笑臉符號，表示自己一定會堅持寫完它。

過了幾個月，我幾乎忘記了這件事。

忽然有一天，鳳鳳在ＭＳＮ上激動地跟我說：「我的小說已經寫好啦！在網上連載了一部分，居然被出版商看中，在和我談出版的事情。」

「恭喜妳！」

「這也是妳的功勞，如果沒有妳的肯定和鼓勵，我很有可能會中途放棄的。」鳳鳳的話非常誠懇。

後來，她的小說如願出版，並且獲得了不錯的口碑。

其實我沒有幫到她，只是說了幾句鼓勵的話而已，這本是一個朋友應該做的事。

很多時候，我們都會對身邊的朋友有所怠慢和疏忽。以爲是朋友了，所以就口沒遮攔，直接說出一些揶揄、打趣的話，甚至以互相諷刺貶損爲樂。並不是每個人都能夠接受妳的玩笑，漫不經心的一句調侃就有可能給別人留下糟糕的印象，傷害彼此之間的情誼。

朋友最好的相處之道，是互相鼓勵，互相扶持，多說讚美的話。國人崇尚含蓄內斂，不善於用語言表達情感，「妳今天眞漂亮」、「妳的字寫得眞好看」、「妳這個月業績有很大進步」，這樣的讚美話語似乎很難說出口。妳不難發現朋友的優點，但是會因爲太熟悉而忽略不計，長此以往，朋友就會覺得他在妳的心中並不重要。家人也是如此，父母在教育小孩的過程中，鼓勵和肯定非常重要；孩子對父母多說感謝的話，也是對父母最好的報答；夫妻之間、婆媳之間，都需要多說好話、相互讚美，才能建立融洽和諧的關係。即便有小小的不滿和分歧，也最好委婉地告知，這樣就不會傷到和氣。

嘴巴要多對別人說好話，卻不要轉述別人的壞話。

八卦是女人的天性，我們最喜歡傳個小道消息或者打聽內幕什麼的，但是從處世哲學的角度看，對別人有攻擊性、毀謗性、中傷性的話，最好在我們這裡叫停。

如果妳聽到A說了B的壞話，左耳進右耳出就好了，千萬不要當傳聲筒跑去告訴B，要知道，B會恨妳，而不去恨A。人性很奇妙吧？

Chapter 7

財富走位｜女人就是要有錢

在這個變數多多的年代，守著小金庫能夠大大提高女人的安全感。
女人愛錢不是罪過，能賺會花更是王道。
妳可以經由工作實現經濟獨立，買珍貴的禮物犒勞自己。
也可以玩轉信用卡，科學理財，成為最有錢的管家婆。

讓自己的「荷包」鼓起來

女人要不要留私房錢已經不再是一個爭議話題，只有一個肯定的答案：要。經濟獨立的女性要把自己的收入合理分配，用來貼補家用、孝敬父母和獎勵自己。即便是全職太太，也要讓老公給自己「發薪水」，因為料理家務並不比工作更輕鬆。女人要早早做出這樣的計畫，才能荷包充盈，生活幸福。

在古代，無論是大家閨秀還是小家碧玉都會繡荷包，既可以自己貼身留著用，也可以偷偷送給自己中意的情郎哥哥。不信，去看看那些「私訂終身」的古裝劇，多半都是以荷包爲信物的。可見，荷包對於女人來說是多麼重要的一個物品。它不單單是定情物——定情是爲什麼？爲了跟男人結婚，做他的管家婆。管家婆，當然要管他的人和錢。結婚之前，這荷包是定情之物；結婚之後，這荷包就要裝了男人的錢再收回來。

妳說，這荷包能不重要嗎？

現代的女性不用繡荷包，但依舊喜歡管錢。若是有了男友，甚至嫁了人，在家不掌財權，跟閨中密友們說起來總是件沒面子的事。現金也好，存摺也罷，總得將荷包裝得滿滿當當，才算是財大氣粗吧？

那麼，女人荷包裡的錢都有哪些呢？

大致歸納一下：父母資助、自己薪資、老公薪資、投資所得、兒女回報。其中，父母資助的部分，到我們走上職場那天起，就應該停止了。原因很簡單，妳已經是個有勞動能力、能夠自己養活自己的成年人了。至於兒女回報那一部分，至少要等他們走向社會吧？假如妳二十五歲有了寶寶，等到他大學畢業開始上班領薪水，妳差不多也就退休了，「花錢」的日子也過去了，所以也不要指望太多。

這麼算，女人的所有收入就剩下三項：自己的薪資、老公的薪資、投資獲利。

有句老話：「男人是摟錢的耙子，女人是裝錢的匣子。」意思是說，男人在外面打拼賺錢，女人精打細算地管理老公賺來的錢。可是現代社會，似乎已經沒有了這樣的完美分工，取而代之的是各式各樣的「財權分配」方式。有的家庭實施ＡＡ制，也就是說各花各的；有的家庭在傳統的基礎上有所創新，即老公給妻子一定的家用，其他收入自己保留；有的家庭實施ＡＢＡ制，「Ｂ」指夫妻建立共同家庭帳戶用於家庭支出，如：醫療費用、孩子教育、家庭每日開支等，剩餘的錢則ＡＡ，自行支配；當然，還有一部分好好先生遵守「祖訓」，把自己的錢乖乖交給妻子（此類人必定私藏小金庫，否則絕對是稀有物種，有幸遇到的話，姐妹們務必加以珍惜）。

說這些無非要說明一個情況：老公的錢袋在某種程度上並不是我們的。這樣說有點殘酷，好像傷害了感情，可是事實就是如此。

不過也能理解，男人賺錢不容易，外面世界誘惑那麼多，就算他不出去花天酒地，也少不了被一些奢侈的愛好吸引，例如單眼相機、新款手機、新鮮出爐的某種競技運動啦，甚至新電腦、新汽車……還有一些男人們非常擅長的投資理財計畫。說來說去，男人不上繳薪水的理由很多。

「要不要藏私房錢」這個糾結了千百年的難題其實不再是難題。妳想想，都ＡＡ制了，妳的就是妳的，還用「藏」嗎？妳要光明正大地存錢，那些錢都是「私房」的。

所以，立志成爲「財女」的姐妹們，要儘早行動，爲自己的荷包制訂一份「增肥計畫」。妳不用再繡荷包，但是要把繡荷包的心思花到投資理財上，學習以錢「生」錢的方法，或者涉足股票、基金，或者自己經營一家實體店、網拍。

總之，只要妳肯動腦筋，肯花心思，一點小錢做引子，就可以讓財源滾滾而來。

自己賺錢買花戴

經濟獨立能夠為自己爭取更多的話語權和選擇權。妳不必再向老公伸手要錢，不必看公婆臉色行事，用自己賺來的錢妝點自己，鏡中之人會更美麗。

以前在某個論壇裡認識一位姐姐，芳齡二八（不必做乘法啦），體貌不詳，爲人快言快語，才思敏捷，頗有一副語不驚人死不休的姿態。她的經典語錄之一就是這句：「自己賺錢買花戴。」

這句話的重點就是，雖然目前很多女性朋友出去工作，賺的不比男人少，但這些錢終究、要花在自己身上。不管是買漂亮的服飾，還是買名牌的化妝品，總之，就是要讓自己美美的。購屋、買車養孩子、孝敬父母，都是男人的事。男人主要的工作是做什麼？不就是賺錢養家嘛！既然娶了老婆就要處理好相關的一切事宜，要是指望老婆賺錢養家，那就別怪老婆不拿正眼瞧他。

這個言論拋出的後果可想而知，論壇裡的男士們都橫眉立目做神聖不可侵犯狀，紛紛口誅筆伐，欲將此女「殺之而後快」。相對的，女士們則是拍手稱快，齊聲叫好。當時我還未婚，無法切身感受柴、米、油、鹽的經濟壓力，但是心裡暗自尋思：一定要找個讓我把所有收入都拿來「買花戴」的老公！

現在想想，姐姐的言論自然是有點誇張，但是，其中傳達的「女人就是要愛自己」的思想，是絕對沒錯的。

愛自己表現在哪裡？總得吃點好的、穿點好的，人前人後拋頭露臉的時候有幾件體面的衣裳，好姊妹們湊在一起分享的時候有幾款像樣的首飾，「人靠衣裝，佛靠金裝」這古語是不會錯的。雖然女人的外在氣質並不取決於衣服首飾，但不可否認，名媛淑女確實需要這些來爲自己「點睛」。試想一下，誰會跟一位打扮入時、清新俏麗的美女過不去呢？

我有一個好朋友，樣子好，人品好，身材好，是不折不扣的「三好」美女。但她好得過了頭，把所有的錢都交給男朋友去做生意，自己用的洗面乳、卸妝油則都是去商場裡領的免費試用品。

我們「內閣」召開會議的時候，一致認爲這是一個大膽、愚蠢、風險絕對大於收益的做法。比較牙尖嘴利者，直接就對她投出了「絕對不看好」票。

我那好友說，沒辦法，我實在太愛他了，所以我願意。

「妳就願意自己每天這麼邋裡邋遢、蓬頭垢面嗎？」我義憤填膺地問。

「我不願意。但是爲了他，我甘願。」她堅持要做聖母瑪利亞。

果不其然，半年之後，男友攜款「人間蒸發」了。

我那好友尋死的心都有了。

沒辦法，還是要勸，總不能眼睜睜看著一個花容月貌的女子自毀前程吧（已經毀了的就只能忽略不計了）？

終於有一天，她自己想通了，決定從此再也不爲別人而活。當月領了薪水，剪了頭髮、做了臉，全身上下一通經絡排毒，再從裡到外換一身新衣服，一天瘋狂消費大肆血拼之後，又是大美女一個。

不過還是有點可惜，她如果早聽我們勸告多好。那些給白眼狼騙走的錢，用來買買Dior和LV該多好啊！

女人向來是愛消費的動物，但問題是，消費的是誰的錢？這個問題的答案是關鍵。

張曼玉曾在接受某媒體採訪時說：「我從十八歲開始就自己賺錢了，直到現在我都是花自己的錢。」這可算是新時代女性的一種生活方式。

有一種說法是，一個男人愛妳，才會願意爲妳花錢，而女人花所愛男人的錢，其實是品嚐愛情的滋味。由此看來，用男人的錢來「買花戴」也未嘗不可。但前提是，這個男人一定要是愛妳的男人，否則，這個錢花的，心裡總不大踏實。

因此，在找到自己心愛的男人之前，女人最好還是靠自己；找到之後，也不必放棄自己獨立的經濟地位。如此，方可旱澇保收，高枕無憂。

做個「世俗」的愛錢女

明明很愛錢卻要擺出一副不食人間煙火的樣子，一貫都是很「財迷」的人卻能把錢花在刀口上，哪種人更可愛一些？當然無疑是後者。愛錢才會積極想辦法去賺錢，來換取更舒適的生活。這般「世俗」的女人，誰能不愛？

錢穎常常被不太熟的人冠以「世俗」的惡名，因爲她太「看重」錢，最「忌諱」別人跟她談錢。如果妳很嚴肅地跟她說：「錢穎，我有件事情要跟妳商量。」她會像觸電一樣跳開，緊張地說：「別跟我借錢，我最近自己手頭也很緊！」

爲此，我們常常調侃她，應該改名叫「錢眼」。

生人初識錢穎，會覺得這個女人不僅世俗，而且過於「俗」。但是，只要妳跟她熟了，就會驚嘆她是一個財商高得驚人的奇女子。她看中金錢，並且非常會理財。她大學畢業剛剛開始工作的時候，薪水很少，而且沒有正式編制。五年之後，她的月薪翻了十倍不止，還不算股票基金等紅利。

錢穎的口頭禪是：「我就是鑽錢眼的大俗人一個！」

但她絕不是一毛不拔的「鐵公雞」，她對金錢的分配有一股「女丈夫」的豪氣。她幫爸爸媽媽在老家買了房子，還供弟弟讀研究所。如果親戚朋友急需用錢跟她借，她也不會裝窮不出手，但是她有兩個基本原則：好借好還、救急不救窮。

錢穎這樣解釋自己的金錢觀：「這幾年我過得很辛苦，就是爲了賺錢，錢不怕多，越多越好。這個世界上誰跟錢有仇啊？我們生活中食、衣、住、行哪一樣不要錢？父母把我養到這麼大，我得回報吧？孩子的未來很重要，我得努力給他創造好的物質條件吧？我不是唯利是圖的人，但是錢眞的很重要。我不會爲了錢做坑人害人的事情，但是如果有賺錢的機會，我絕不放手。」

妳可以說錢穎很世故、很現實、很野心勃勃，但是不得不承認，她活得腳踏實地，眞正是憑智慧和膽識得到她想要的生活。

某位強悍的姐姐說過這樣的話：「女人有兩種，假正經與假不正經，假正經女人招人煩，假不正經女人招人愛。」那些被稱爲很「世俗」、張口閉口談錢的人，不過是帶著「假不正經」的表象罷了。相較起來，有很多

「假正經」的女人就讓我們敬而遠之了，她們口口聲聲說自己不愛錢，但遇到「窮小子」追求，她看都不看一眼；她們喊著「平平淡淡才是眞」，但是頭上戴的、身上穿的、腳下踩的，無不帶有名牌的標籤；她們恥於談錢故作清高，眞正的原因可能是荷包裡眞的沒什麼錢。

很多「月光族」跟「假正經」的情況差不多，過著「今朝有酒今朝醉」的生活，快活一天算一天，不知道明天怎麼辦。這樣的女孩子，如果是二十來歲，也許可以再揮霍幾年，還能夠幻想嫁給一個多金男；如果到了三十多歲，依舊沒有存款，也沒有找到多金男當老公，豈不是要成爲小輩們恥笑的「歐巴桑」？

我覺得，身爲女人，像錢穎那樣「世俗」不是錯，到了一定的年齡還擺出「視金錢如糞土」的姿態才是不明智的選擇。金錢是一個好東西，能夠讓我們吃得安心、穿得賞心、住得舒心、玩得開心。有了錢才能供養父母、養育孩子、幫助朋友；有了錢才能讓我們過得更幸福、更有尊嚴。

如果可以選擇，沒有哪個人願意放棄寬敞明亮的華屋而選擇陰暗潮濕的簡易小房間吧？所以說，我們不做唯利是圖的人，但是一定要愛錢、尊重錢、看重錢，要客觀地看待金錢的價值。

賺錢需要全情投入

女孩子到了一定的年齡階段，就要學著調整愛情和物質在生活中所佔的比重。年少時覺得愛情就是一切，沒有愛情就活不下去。逐漸成熟了妳會知道，吃飯穿衣這些實實在在的物質生活才是生存的核心。

與其花費心思追求飄渺不定的愛情，不如集中精力鞏固有形的經濟基礎。

有人在網路上問過這樣一個問題，有錢的人和沒錢的人最大的差別在哪裡？答案當然是千奇百怪，無所不包。不過有一位網友的答案非常有意思，他說：有錢人熱愛錢本身，沒錢的人是熱愛錢的購買力。

仔細想想，這話很有道理。我們看到富人「有錢」的一面，卻往往看不到他們挖空心思想辦法賺錢的另一面。那些有錢人，之所以能夠賺來鉅額財富，很大原因是他們對賺錢本身有著強大的慾望。賺了一萬就想賺十萬，賺了十萬就想賺一百萬……以此類推下去，賺錢在他們看來是一種又累又享受的事情，完全沉浸其中。至於花錢買飛機、買遊艇等等，其樂趣並不大於「賺錢」本身。

而沒錢的人呢？總是想著花錢。就算他們在工作，也僅僅是爲了賺錢買東西。賺錢的慾望不夠強烈，小富即安，就不會成爲眞正的「有錢人」。

如果用一個詞來形容最佳賺錢狀態的話，那就是「投入」。有一句臺詞說：「人總得有追求，有個事情讓妳全情投入，妳想到這件事就會充滿熱情，再寂寞再辛苦都是可以忍受的。」當妳拿出這樣的蠻勁去賺錢的時候，妳成爲小富婆的日子就不遠了。

很少看到女人非常投入地賺錢，比較常看到的是女人全心投入地戀愛。朝思暮想，日思夜盼，爲他的一個眼神失神半天，爲他的一個簡訊癡笑半日，這就是全情投入的狀態。如果妳渴望成爲新時代的小財女，就應該像愛男人那樣去愛金錢，爲省下的每一枚硬幣歡欣鼓舞，爲賺來的每一塊錢興高采烈。

全心投入地賺錢不是成爲「守財奴」，而是享受那份對財富的駕馭感和掌控感，享受經濟獨立帶來的靈魂自由度。亦舒說過一句名言：「我這一生不會倚賴任何人，或向任何人懇求時間、金錢以及憐憫。我的一生將掌握在自己的手中。」這樣的豪邁，多半在於自給自足。

董妍和老公是大學同學，都是七年級生的草根男女，大學畢業之後成爲客居異鄉的人。他們在舉目無親的城市與人合租一個小房子，因爲是職場新人，收入有限，交了房租之後手裡的錢就不多了。即便如此，夫妻兩人也沒有「破罐破摔」，而是開始了縮衣節食的存錢大計。他們盡量自己做飯，不在外面吃喝，只坐公車不搭計程車，只看電視或者上網而不去看電影。當合租的室友瀟瀟灑灑做著

「月光族」的時候，他們把到手的大部分薪水全部存爲定期存款，手頭只留一點點應急的錢。

就是靠這種全情投入的省錢方法，他們在兩年內完成了初步的存錢目標。

省錢的同時，他們就開始「賺錢」了。董妍利用業餘時間開起了網路拍賣，賣一些女性服飾，每個月都有可觀的利潤，生意好的時候，每個月的進帳比她自己月薪還多。董妍的老公則大膽嘗試買股票和基金，先用小錢試水，慢慢做一些長期的投資，收益也很好。兩個「財迷」一起沉浸在「賺錢」的財富遊戲中，終於成爲大贏家。

五年之後，他們用手中的積蓄，再加上父母給的一點「貼補」，買下了一棟屬於自己的房子。

搬進新居的時候，董妍歡呼雀躍之餘，仍不忘財迷心竅地說：「我們這個房子升值空間很大，過幾年轉手就賺大錢啦！」她已經完全沉浸到賺錢這項活動當中了。

事實證明，平民百姓家的孩子，想變成有錢女、小富婆，必須拿出「全情投入」的精神來。

既然妳能夠爲負心的男友痛哭到深夜，爲什麼不能在網路拍賣上忙碌幾個小時？

既然妳能夠通曉各種「套狼準則」，爲什麼看不懂「股市入門」？

原因無他，不夠投入！

人愛錢，金錢才會愛人。人對財富報之以什麼樣的態度，財富也會用同樣的態度對待人。

全情投入地賺錢，不失爲「致富」的最理想心態。

安全第一，要有「保險」

生活中意外變數太多，「萬一」兩個字能夠把一切化成飛灰。為自己選一份好的保險，壞事發生的時候，至少還有鈔票可以彌補妳的損失。

我很崇拜老媽，二十年前就開始買保險了，那時候大部分人還不知道保險爲何物，或者覺得那是騙錢的東西。現在，所有的理財書籍、理財專家都在建議人們買保險，我媽已經開始坐享收益了。每每提到這件事，老媽的得意之情就溢於言表，然後問我：「妳買了什麼保險，要不要我幫妳診斷一下？」

我沒老媽那種眼光，活了三十多年了，只有一次買保險的經歷，還是在匆忙中做的決定。保險公司的人三番五次給我打電話，推銷一種保險。對方當然說好聽的，我完全不懂用辯證法去分辨其中的是非對錯，光想美事了，當機立斷就同意買一份。簽了字，交了錢，三分鐘熱度過了大半，才想起來應該要找個專業人士諮詢諮詢——至少，也得跟買過保險的人諮詢一下吧？

諮詢之後就傻了眼，知道自己買的是很不可靠的一個險種。

朋友建議說，趕緊退吧！

還能退？太好了。

我趕緊打電話給那個保險經紀人說我這份保險不買了，要退。買容易，退可就難了。我這邊說破嘴了，人家那邊早就準備了五色石開始女媧補天。想必人家對我這種吃後悔藥的人已經見怪不怪，我說一句，人家有十句等著我。

後來把我逼急了，我耍無賴：「反正我不買了，你得幫我退保。」

我第一次「耍流氓」的經歷，就這樣奉獻給了保險公司。

慶幸的是，對方沒跟我「耍流氓」，還是比較順利地幫我退掉了。

這次買保險的失敗經歷，卻喚起了我對保險的興趣。除了沒人愛，女人最害怕的是什麼？無疑是變老和沒錢。而又老又窮對女人來說有時候比沒有人愛更加可怕。在安全感這個問題上，女人從來不會嫌多，而空洞

地談安全感太抽象，所以它通常被物化成金錢或者房子等。

男人、感情都容易發生變化，物質卻不會，「保險」也就成爲女性朋友最重要的一個安全感來源。用這種方式給自己「留後路」，比什麼都實惠。很多保險的險種，就是摸準了女人這種尋求安全的心理，應運而生。更何況，保險除了保障的功能之外，還可以做爲一項投資，是會產生經濟回報的。

李嘉誠說：「別人都說我很富有，擁有很多財富。其實眞正屬於我個人的財富是給自己和親人買了足夠的保險。」連投資超人都這麼說了，我們還有什麼好懷疑的呢？

有些女孩在年輕的時候不在意這些，覺得有現錢比保險好得多，這說明還是沒有「保險」意識，沒有爲自己的以後打算。

保險，就是爲了防患於未然，爲妳的突發狀況買單。倘若妳遇到了什麼突發狀況要用錢，卻又不在那保險之列，就得自己想辦法。所以，很多保險公司推出了「人身意外險」、「大病險」等險種，妳定期往裡存入一部分錢，待妳需要用的時候，保險公司按合約賠償給妳。這些都需要妳選擇一家可靠的保險公司，選擇一種最適合妳的保險險種，而且，妳還要在經濟狀況允許的情況下去買，否則讓自己勉強背上過重的付款壓力去買保險是很得不償失的。

雖然理財書和理財專家們都強調買保險，但是究竟哪一款保險最適合妳，還得根據個人情況而定。像我早先那樣不打聽清楚光聽收益好就盲目投資是失敗的舉措，千萬別效仿。

做幸福指數高的「房奴」

房價再貴，也擋不住女人對房子的渴望。從投資的角度看，房子也是最保值、最穩定的選項。在乾淨整潔、按照自己意願裝修的房子裡舒適地生活，更是一種千金難買的幸福。所以綜合來看，購屋都是值得一試的瘋狂。

我有個朋友很有眼光，二〇〇四年就買了房子，當時特價優惠，那個被她稱作「鳥不生蛋」的偏僻地段，現在市價上漲了好幾倍。

聚會的時候，她在我們面前好一番賣弄：「當初眞應該多買幾間！」

我們全都氣得想用杯子丟她。

房子！房子！任何有關房價的風吹草動，都能佔據報紙和網站新聞的頭版。有人質疑說，爲什麼一定要購屋？可是不購屋住哪裡？當然，我們可以租房子，但那永遠是暫時的，沒有個穩定居所。長了三年、五年，短了半年、一年，房東就會奸笑著跟妳提若干理由提高房租或者攆妳走，那個時候，妳必定會咬緊牙根在肚子裡大喊一聲：「老娘要購屋！」是的，看到新聞裡講，年逾花甲的老倆口沒有自己的房子，只能露宿街頭，因爲沒有房東願意租屋給他們，怕他們病死終老在自己的家裡，不吉利。這樣淒慘的晚年絕不是我們想擁有的，所以，早晚還是要購屋。

一提到購屋，男女會有截然不同的反應，女人激動期待，男人緊張得心、肝、肺擠在一起疼。房奴，房子的奴隸，每月的薪水發到手裡還沒握熱呢，就得轉手交到銀行去，很多男人心不甘情不願。可是對於女人來說，能夠擁有一棟自己的房子，想住多久就住多久（暫不考慮拆遷和地震等因素），並且可以隨心所欲地裝修出自己喜歡的居住風格，那將是多麼愜意的事情！

房子永遠是女人的心之所向。

這裡我們不討論房子和婚姻的關係，只討論房子和女人的關係。房子是女人的私密處所，是女人可以隨意嬌豔的地方，女人那肆無忌憚的美麗只有在自己房子裡才會體現，廚房、浴室、臥室，隨性而爲。房子是女人的舞臺，是女人的陣地，是女人的堡壘。喜歡像波西米亞人一樣到處遊走的女人畢竟是少數，通常到了一定的年齡，女人就會渴望安穩。一棟屬於自己的房子讓我們心裡踏實。回到自己的房子裡，洗個芳香浴，看一集《宅男行不行》（The Big Bang Theory），對著可愛的科技宅男發發花癡，職場上的爾虞我詐都忘記了，又變回驕縱的小女人。

房子還能給女人帶來安全感，不光是現實層面，更是心理層面。女人天性傾向於築巢守候，男人天性喜歡四處遊走，所以女人對房子的渴望更爲迫切。就算是倒楣愛上了一個不回家的人，至少有房子和自己長相廝守。

說來說去，女人就是需要房子。「房奴」一詞肯定是男人編造出來的，女人只要有屬於自己的安樂小窩，花再多的錢也是願意的。目前有統計顯示，社會又迎來新一輪的「單身潮」，許多女性不選擇結婚，而選擇購屋，把買衣服和化妝品的錢都用在房產上，不僅可以保值，又能升值，簡直是穩賺不賠的大好投資項目。妳栽培一個男人，說不準哪天跟人跑了。供一棟房子，卻會讓妳受益無窮多。

說了這些，買不起房子的姐妹用不著絕望。實在買不來，租住也是不錯的選擇。我強調房子，意思是要讓大家住得好一點。每天在外面奔波夠累的了，回到「家」裡要舒服、要自在、要有自己的顏色和味道，那才是「家」。不管妳現在奮鬥在哪個位置、處於哪個階層，都要讓自己有個安樂窩，自由自在，溫暖而踏實。辛苦賺錢已屬不易，就應該用這些錢換來快樂和開心。

還等什麼，做一個幸福指數高的「房奴」吧！

趕走衝動消費這個魔鬼

我們費了多大辛苦才讓錢包變「胖」一些？妳怎麼捨得腦袋一熱就讓它迅速「瘦身」呢？那些永遠穿不著的衣服、戴不出去的首飾、用不到的對象，全是我們衝動消費的結果。該停手啦！

頭腦一熱，買！熱度過了，悔！頭腦又熱，又買！熱度又過，又悔！多少美女陷入這樣無止境的衝動消費循環裡？不要舉手啦！數都數不完的。

客觀地說，我們都老大不小了，誰沒下過幾次存錢的決心，誰沒爲自己的衝動消費痛心疾首過。可是，眞的到了現實生活中，要遏制消費慾望實在太難了。

很多女性朋友都面臨這樣的問題：

1．出手闊綽地爲某件東西花錢，結果這件東西最後毫無用處。比如買了一部高價的跑步機，妳很少使用。一時興起，買下一套怪異的衣服，結果幾乎沒穿過。

2．經常透支，信用卡債臺高築，有時還需要向別人借錢救急。

3．喜歡追新貨，每次新品上市都忍不住想買。

4．當情緒低落時，用花錢來緩解情緒。

5．只要逛街，就必定會買回許多預計之外的東西。
面對一屋子不知道什麼時候、在哪裡買來、做什麼用的東西，妳是不是欲哭無淚？還是像我的朋友一樣，暗自詛咒：「我懷疑有人盜用我的信用卡！是誰買的這些鬼東西回來的？！」除了自己，還會有誰！

有問卷調查顯示，一半以上的女士在逛街時，會買計畫外的東西。妳在街上逛的時間越長，花錢的機率就越大。我們會發現，倘若不逛街，我們的日常開支無非是柴、米、油、鹽這一類生活必需品，一個月下來花不了多少錢。一旦逛街，就很容易被那些商家的促銷廣告所吸引。因此，減少逛街次數是控制衝動消費最有效的方法之一。

如果妳眞的很喜歡逛街，在逛街之前列個購買清單，做好預算規劃是十分必要的。對於那些喜歡刷卡又總是超支的人，最好是用現金支付錢款。因爲刷卡的時候，錢總是花得不知不覺，若是現金，妳就會在心裡多權衡一下了。

還有一種方法就是，當沒有任何急需用品要買，但又特別想逛街時，可以空著腰包去逛街：充分享受「逛」的樂趣。

對於那些購物成癖，總是非理性的「購買狂」來說，強迫儲蓄是個不錯的方法。錢放在口袋裡就想花，如果是把它存起來，就會有節制得多了。到銀行開一個零存整付的戶頭，每個月都把一定數量的錢存起來，規定自己只用剩餘的錢，這樣就可以減少不必要的開支。

還要先弄清楚哪些花費是自己真正「需要」的，哪些只是「想要」的。要分「需要」和「想要」來記帳，然後盡量壓縮「想要」的那一部分，只買「需要」的。什麼是「需要」和「想要」呢？舉個例子，買衣服是「需要」，買真絲襯衫就已經超出需要了，是「想要」；吃午飯是「需要」，吃大餐就是「想要」。另外，買了不用的東西也是「想要」。比如說，妳的那件幾乎沒怎麼穿過的衣服，都屬於「想要」的範疇，要盡量少買這類東西。

另外，還是避免一些不必要的「群體消費」。群體消費和個人消費的效果是不一樣的。比如，一個人出去，打算買一件衣服，回來時可能只是一件衣服。若是跟好友們一起出門，回來時可能是好幾件衣服，還可能去吃飯、唱歌、喝下午茶，花費自然就多了。

在網路發達的今天，購物網

站大行其道，從傳統的網路購物到新近流行的團購，都是刺激人大掏腰包的「邪惡滋生地帶」。我的一位女性朋友幾乎患上了「網購強迫症」，隔一段時間如果不上網買東西，就好像生命不再完整了似的。而她在網路上買的那些花俏的東西，很少是「必需品」，一些衣服買回來根本就不能穿，有些可愛的小玩意買回來就被放到桌角，還有一些所謂的「創意家居品」，買回來因爲並不實用而被束之高閣。

我曾經打趣地對她說：「如今房子多貴呀？妳竟然要用家裡大塊的地方來裝這些棄之不用的東西，糟蹋了多少空間喲！」

如果妳恰好是個網購愛好者，如果妳確實在網路上花了大筆的銀子，一定要注意啦！購物網站其實就像一個巨大的消費黑洞，吸引著妳去買不必要的東西。所以，只在需要的時候去購物網站，其他時間還是用來讀書或者戀愛吧！

玩轉信用卡

信用卡是妳的朋友，它能借給妳錢花，可是當帳單寄來時，它就反目成為妳最冷酷、最猙獰的敵人。所以，千萬別被它的「花言巧語」所迷惑，糊裡糊塗上了它的「賊船」。妳可以把它當成工具，卻不要對它產生依賴心理。

加菲貓有句名言：「鈔票不是萬能的，有時還需要信用卡！」一語道破一張張小卡跟我們生活的緊密聯繫。

信用卡方便了我們的生活，卻也讓我們陷入一個個盲目消費、衝動消費的陷阱。有多少美女因爲無節制地刷卡而淪爲「卡奴」？

我們看看銀幕就會掩面而笑：

美劇《六人行》（Friends）裡面，嬌生慣養的Rachel離開家庭的照顧，開始學習獨立，朋友們監督她做的第一件事，就是把錢包裡成打的信用卡用剪刀剪碎。電影《購物狂的異想世界》（Confessions of a Shopaholic）裡面那個購物成癮、債臺高築的麗貝卡（Rebecca），爲了遏制自己的購物慾，竟然用冰箱把信用卡冷凍起來。

可見，一張小卡，跟美女的「財運」息息相關。

卡神楊蕙如的故事已經被大家傳爲經典，這個年輕女孩利用銀行訂的遊戲規則，透過電視購物、刷卡積點、換取獎品再出售等連環操作，短短三個月獲利上百萬元，成了大家信奉的「卡神」。做「卡神」需要熟悉信用卡使用的各項規定，還要靈活利用種種差價，才能從中牟利，財商一般的人還眞是難以企及。但是，「卡神」的故事給了我們一個重要啓示，那就是：把銀行當成「敵人」和「工具」。

在戰略上，我們要「藐視」銀行，把它當作敵人。千萬不要覺得銀行是「慈善機構」，它原本就是那些「有閒錢」的人把自己多餘的錢借給缺錢的人，從中賺取利息的工具。所以，銀行的目的就是爲了從我們身上謀取利潤。雖然各家銀行打著「利多」的幌子，向我們推薦各種信用卡，本質還是吸引我們向它借錢，給它利息。

從這一點上說，銀行是我們的「敵人」。

從戰術上，我們又要重視銀行，把它當成一個好工具。沒錯，很多時候，我們進行大宗消費需要借錢，找銀行辦理貸款，這都是正常的。在小小的信用卡問題上，我們也可以靈活運用各種不同信用卡的服務功能，讓自己賺取利潤最大化、利息最小化。簡單說，要讓那一張張小卡片發揮最大的功效。

用信用卡積分兌換禮品，這是廣大「卡族」最常見的「賺錢」方式。認眞觀察不難發現，信用卡可以在很多方面爲我們提供便捷。最簡單的例子，信用卡的帳單可以做爲妳一個月開銷的憑證，自己食、衣、住、行各個方面花了多少錢，一目了然。隨著信用卡使用的普及，很多商家還聯合某個銀行舉行刷卡打折的活動，用指定銀行的信用卡，可以買到打折的餐券、門票、電影票等等，這也是信用卡帶給我們的甜頭。

我們不能定性地說信用卡這個東西是好還是壞，時代發展到了這一步，有了這個小東西，大家又熱衷於使用它，就說明它有存在的合理性。但是，我們又必須理性地面對這樣一個現實：如果使用不當，我們會淪爲它的奴隸，被它牽著鼻子走，在它的「哄騙」下不知不覺花出更多的冤枉錢。

我們不奢求人人成爲「卡神」，但要力求擺脫「卡奴」的窘境。我有位朋友堅決不辦信用卡，非常決然地反對這個「魔鬼」，但是另外一位朋友靈活使用信用卡很多年，取得了很多的透支額度，很多次急需用錢的時候都是信用卡幫了大忙。這兩個人到一起就互相「打壓」，但最終都承認，有沒有卡，都可以過得很好！

我認爲，不管妳的包包裡有多少張卡，不管妳對信用卡抱持怎樣的態度，都要學著聰明地使用它，讓它成爲妳的好幫手、好工具，而不要淪爲它的奴隸。我們女人，追求自給自足，追求自強自立，更應該從信用卡的牽絆下走出來，贏得財務上的自由。

做爲女人，若是二十幾歲不懂事，胡亂花錢，到了三十幾歲，再也不能做尷尬的「月光族」了。妳要有存款，要有自己的小小資產，以後的日子才會越來越富足，越來越充實。

Chapter 8

愛情定位｜找到屬於自己的好男人

世界上有兩個難題一直無解，可口可樂的祕方和好男人都哪裡去了。
女人窮盡畢生的精力，似乎就在尋找那個最好的男人。
其實，不是時間不對，也不是緣分不夠，
而是我們沒有為「好男人」準確地定位。
只要我們充分認清愛情和婚姻的關係，
就能夠準確無誤地找到屬於妳的另一半。

理智的愛，更安全

只憑感情衝動所造成的愛，猶如建築在泥沙上面的塔，禁不住風吹浪打，很容易就倒塌下來。

「一見鍾情」到底是不是愛？關於這個問題的爭論從來沒有停止過。理智看待的話，一見鍾情很感性、很浪漫，卻帶有不堪一擊、禁不住考驗的一面。妳看中某人的某項優點，迅速將自己交付給他，可是直覺敏銳的妳又很快發現他有N個讓人難以忍受的缺點，這份感情該怎麼辦？繼續下去，妳會難受；中途放手，妳也會難受。怪只怪在開始得太快。

理性的愛，更安全。這些道理媽媽都會跟我們講，可是我們不願聽，還說她自私不懂愛情，非得自己親身談過幾次狼狽收場的戀愛之後，我們才會徹頭徹尾地相信。

雅靜與偉峰的辦公室戀情，從一開始就不被大家看好。朋友們對雅靜曉之以理、動之以情，分析這段地下情是多麼造孽。偉峰是公司部門的區域經理，雅靜只是公司的前臺。雖然公司沒有明文規定限制員工內部戀愛，大家都心照不宣地避開這個地雷區。

偶爾有一對高調宣布戀情的，多半也會在不久之後選擇離開。

好友勸雅靜說：「如果偉峰真的愛妳，就應該大膽承認妳是他的女朋友，然後幫妳找一份更輕鬆的工作。」

「我不想給他添麻煩。」雅靜說。

好友又勸：「偉峰到底要把妳藏到什麼時候？」

「他說，時機到了，他就會宣布。」雅靜堅定地說。

「妳就不怕他跟妳兩面三刀，一邊跟妳藕斷絲連，一邊跟別人眉來眼去？」好友苦口婆心地提醒。

「那些都是逢場作戲，我很體諒他的！」雅靜一口咬定。

在好友們看來，雅靜真的是完全迷失心智了。

就這樣，雅靜和偉峰的地下戀情一直走過了一年、兩年、三年，到了第四年的時候，雅靜依舊被偉峰雪藏著。他不帶她見父母，不把她介紹給朋友，公開場合假裝不認識她，雅靜甚至有幾次看到偉峰跟不同的女人曖昧挑逗。每次雅靜提出質疑，偉峰都把她哄騙過去。然後，一切又復歸平靜。

終於，到了第五年的時候，偉峰對雅靜說，他要跟一位大學老師訂婚了。雅靜覺得自己的世界突然之間坍塌了，卻沒有任何迴旋餘地，她奉獻出五年大好年華，換來的就是一句冷冰冰的再見。

雖然女人一生都可以過得很美、很優雅，但是，大好的青春耗在一場看不到結果的愛情上，實在不划算。感情變數多，還會影響到工作、朋友圈子等很多方面。妳總不會希望自己年紀一大把的時候長輩親戚問及男友，還支支吾吾說「不確定」吧？如果妳真的想找到溫暖踏實的戀情，如果妳真的願意跟一個靠得住的男人建立認眞的關係，最好用理智戰勝衝動，認眞分析這場戀愛帶給妳的利弊。

別相信「愛情就是無所保留」這樣的豪邁宣言，那不過是一時衝動脫口而出的口號。就像投資一樣，若要得到高額回報的情感，就不要貪圖眼前一時一刻的歡愉。

很多姐妹都是讀徐志摩的詩長大的，都爲那句「我要尋找唯一精神之旅伴，得之我幸，不得我命」唏噓不已。其實，下定決心在一起過起日子，再清高的神仙眷侶都要面對柴、米、油、鹽的現實生活。倒不如從戀愛的開始就展現自己「現實」的一面，免得相處久了讓對方失望地驚呼「妳怎麼變成這樣了？」妳要告訴他，妳一直就是這樣。

理智的愛沒什麼不好，至少可以讓自己損失小，不受傷。

識別好男人

想要找到「好」男人，首先要明確區分什麼是「好」男人。

智慧與美貌並存、實幹又浪漫的男人，根本就不存在這個星球上，我們還是趁早死了這條心，踏踏實實找個過日子的男人吧！

這樣的男人也許不能帶給妳好萊塢大片一般的夢幻體驗，卻能用勤勞的雙手讓妳的夢想一個個成真。

所有相過親的朋友都會說同一句話：「天底下沒一個好男人！」用朋友幽蘭的話說：「相一次親，就絕望一次。」

幽蘭一直標榜自己對未來老公沒什麼要求，但是幾輪相親之後，她輕而易舉挑出了相親對象的諸多缺點：個子太矮、臉上有疙瘩、禿頭、太胖、熱衷網路遊戲、太文藝、花心、薪水低、職業沒前途、不解風情……這樣的都不行！

媒人問，妳到底想要什麼樣的？

幽蘭又重申「我沒什麼要求」。

PASS掉那些人也就算了，她還很悲觀地在微博上感慨說：「好男人到底在哪裡？」

幽蘭還算得上是個新時代出生，新思想澆灌的智慧型美女，可是在挑老公這件事上，顯然智慧還不夠。想找好的男人，總得知道「好」在哪裡才行。

子薇跟幽蘭完全不同，也許是理工科出身的緣故，她的邏輯思維特別清晰。在綜觀身邊朋友若干成功結婚案例之後，便輕而易舉地總結出了「好男人十大準則」如下（排名不分先後，只爲舉例清晰）：

1．誠實守信。

好男人不能出爾反爾，只要承諾的事情就一定要做到。即使偶爾工作時間跟生活安排有衝突，但也會盡量滿足妻子和家庭的需要，不讓家人在一次又一次的失望中煎熬。

2．積極上進。

積極上進是男人能否擁有廣闊天地的標準之一，有上進心的男人會睿智地找尋每一個上位的機會，一旦機會來臨便即時抓住，爲自己日後的成功奠定堅實的基礎。那些混吃混喝混天黑的，那些把大把時間都浪費在足球比賽和電腦遊戲上面的，那些看著老婆孩子受苦毫不自責的男人，都靠邊站！

3．疼愛女人。

現在不流行耍酷的硬漢型男人，居家男人才令人推崇。在職場上可以叱吒風雲所向披靡，但是回到家中對妻子要溫柔體貼，一個眼神、一個擁抱、一個微笑都表現他對心愛女人的疼愛之情。

4．樂觀開朗。

男人要有樂觀開朗的個性，才能在逆境到來時頂住壓力，從容面對。他們懂得自我減壓，也懂得「梅花香自苦寒來」的道理，會一直微笑著面對生活。與這樣的男人在一起，粗茶淡飯、布衣荊釵也會讓女人對未來抱有希望。

5．意志堅定。

現代社會男人的壓力空前大，娶老婆要供樓，買汽車要加油，養孩子要買進口奶粉，每一項都需要大把鈔票。若是沒有堅定的意志，恐怕要被這一座座大山壓垮了。所以，好男人必須意志如鐵，不是嘴上喊口號，而是用實際行動來證明。

6．敢做敢當。

一個男人至關重要的品質是敢做敢當。好男人必須是行動力強大的實幹家，每一言每一行都能夠深深打動女人，讓女性爲之陶醉，爲之折服。

7．心靈手巧。

換保險絲、通下水道、粉刷牆壁、重裝系統、電腦升級、手機上網、下載軟體……總之，所有需要說明書的地方，都要有他衝鋒陷陣搶在前面才行。

8．喜歡孩子。

除非決意做頂客夫妻，否則，生養孩子就是家庭裡的頭等大事。教育孩子不是女人一個人的事情，父親對孩子個性的培養也有至關重要的作用。所以，男人要喜歡孩子，要有童趣，能跟孩子一起玩玩具、遛遛狗才好。

9．能賺會花。

男人不僅要會賺錢，還有會花錢。不能出手闊綽亂花，卻也不能一毛不拔做鐵公雞。好男人需要有很好的財商，懂得若干投資理財的方法——除非他心甘情願把財政大權交給老婆。

10．孝順仁義。

男人過於依賴父母讓人鄙視，但是不孝敬父母的男人絕對不能接受。連自己的父母都不孝敬，連自己的同胞兄弟姐妹都不親近的男人，不會是好男人。

抱怨天底下沒好男人的姐妹們，請參照以上十個標準，去找自己心目中的「潛力股」老公吧！

陶晶瑩的「姐姐妹妹站起來」歌裡有一句歌詞是這樣：「十個男人七個傻八個呆九個壞，還有一個惹人愛。姐妹們跳出來就算甜言蜜語把他騙過來，好好愛不再讓他離開。」十個裡面就有一個好男人，這比例已經相當高啦！

包容男人的「小瑕疵」

十全十美的極品男人並不存在。如果他在妳面前表現得非常完美，那只能說他掩飾得很好罷了。這樣的假象可以存在一時，卻無法持續一世。與其看著他的狐狸尾巴逐漸露出來，倒不如從一開始就坦然接受他那些無傷大雅的小缺點。

與好姊妹閒聊時，異性總是重點話題。從男生到男人，從帥哥到大叔，從男友到老公，再不濟，也要說說兒子。說來說去，總是抱怨多，誇獎少，幾乎沒聽過「他就是那個百分百完美男人啊」此類的話——暗戀的男上司除外。

我們都希望自己的男友（老公）又高又帥，肚子裡有故事，嘴邊有情話，能夠當我們的精神導師＋靈魂伴侶＋自動取款機＋床上好玩具，可惜呀，這樣打滿分的男人就是不存在。意識到這樣的殘酷事實之後，只好退一步海闊天空了。只要他們大方向是正確的，對妳好，對家庭好，很多小毛病都可以忽略不計。

我們一群已婚老同學聚在一起。

新婚的淑華向我們抱怨：「我的老公終於原形畢露了，當初實在不應該這麼快決定結婚。」

「怎麼了？」

「生活習慣完全不一樣。他總是亂丟東西，就連脫下來的襪子也會早晨起來滿地找，簡直太邋遢了。我爸媽來家裡時，他也不陪陪老人家，沒講幾句話，就回到書房去上網了。」

淑華覺得老公生活沒有章法，婚後兩人總是爲小事吵嘴。

結婚已久的老同學們都相視而笑。

最後，我忍不住對淑華說：「結婚久了妳就會知道，有小瑕疵讓妳唸叨的才是好老公，可不要身在福中不知福喲！」

女人面對感情，常見的狀況是：遇到一個僞裝成完美的男人，偏偏愛得要死；明明碰上有小瑕疵的好男人，卻嫌得要命。

在我看來，女同胞對男人以下這些小瑕疵是可以「睜一眼閉一眼」的：

1．好色。

食色，性也。九十九％的男人都好色，剩下的那一個可能是個假正經。正常的男人都會爲美色所動，連自己的本性都不敢承認的男人會是一個好男人嗎？他眼中的美女越多，妳越渴望成爲他心裡的唯一，不是嗎？

2．孩子氣。

很多女人婚後驚呼：找老公像是找了個「超齡兒童」，甚至乾脆有人說「老公就像兒子一樣」。

沒錯，貪玩是男人的天性。男人容易沉迷電腦遊戲、棋牌娛樂、體育比賽，不管女人高呼「那些有什麼好」，男人照玩不誤。這個時候妳要換個角度想：總好過和別的女人玩吧？

3．吹牛。

男人吹牛是一種被尊重的需要。社會都對男人寄予了很高的期望，可是眞正能夠爬上事業頂端的人很少，只好吹牛圖個痛快。很多女人認爲這是「沒出息」的表現，其實，這不是什麼原則性的錯誤，反正他吹牛又不破壞經濟建設和家庭團結，就讓他過過癮好了。

4．邋遢。

不拘小節是許多男人的傳統毛病，不打扮自己，不會收拾房間，甚至不講衛生。其實，男人就是這種德性，要不怎麼說「臭男人」呢？男人不修邊幅，才會需要一個好老婆來管教和打扮嘛！

總之，這些都不是什麼「原則性」的毛病，不足以破壞夫妻感情和家庭和諧。

一個男人，只要他專注於事業，負責養家，讓家人過上好日子，就是好男人。

組建愛情「啦啦隊」

不是東風壓倒西風，就是西風壓倒東風，愛情從來都不是想像中的互相平等互相尊重。因為太過熟悉和依賴，總希望對方遷就自己，於是出現了競爭的局面。

如果想當贏家，少不了啦啦隊的幫忙。聰明的女人應該儘早把閨中密友、藍顏都集合在一起，最好把對方的「狐朋狗友」也拉攏過來，組建自己的愛情啦啦隊。

球場上的啦啦隊可以鼓舞士氣、活躍氣氛，讓球員們鼓足幹勁爭取勝利。如果說婚戀是男女雙方的一場浪漫角逐，我們當然要爲自己組建一支強大的「愛情啦啦隊」。

啦啦隊成員NO.1：可愛的閨中密友。

她們是妳墜入愛河的見證者，眼看著妳爲愛癡狂、爲情所困；她們知道妳花了怎樣的心思在這段重要的關係裡，也知道妳多麼渴望與那個人修成正果。所以，一定要跟閨中密友建立起穩定的同盟，讓她們做妳的參謀智囊團。妳不用擔心她們嘲笑妳的花癡樣子，也不用計較她們給妳的忠言逆耳。當妳不可自拔瘋狂地愛上一個人的時候，閨中密友是旁觀者，也許能夠想得更周全，幫妳顧及到妳忽略的那些旁支末節的細節。

金庸說道：「群雌粥粥，痛斥男子漢薄倖無良。」體味愛情甜蜜的女人心永遠都是滿滿的，那股幸福感彷彿會溢出一般，通常都會急不可耐地對閨中密友講述著和男友相處的神奇感覺；也會無所顧忌地向她們大倒苦水。

閨中密友啦啦隊員會理性地分析妳和男友所處的狀態和境遇，並且將積極上進的思想傳輸給妳，在妳的心中燃起一股久違的勇氣。

啦啦隊成員NO.2：藍顏知己。

妳覺得男友的心思摸不準，妳覺得男友的感情游移不定，妳覺得閨中密友在感情問題上並不比妳高明。不要緊，去問問妳的藍顏知己。男人當然比女人更瞭解男人。閨中密友為妳出謀劃策，再高明也是站在女性的立場上，可能會有侷限或者偏見，甚至有時候好心辦壞事越幫越忙。這個時候，妳不妨找異性朋友聊聊天，問問他們是怎麼看待這個問題的。

Q妹有段時間鬧著要跟男友分手，原因是男友動不動就自己跑出去跟朋友聚會，不帶她。Q妹追問為什麼，男友就說自己偶爾需要自由獨立的空間。

Q妹氣不過，覺得男友不再重視自己了，就找到一個藍顏知己傾訴。

那位朋友聽完之後說：「這很正常啊！我們男人喜歡在一起聊體育啊、政治啊、美女什麼的，有女人在場，會放不開嘛！所以需要偶爾擺脫妳們。妳們女人不是也經常三三兩兩湊在一起說私房話嘛！」

聽「哥們」這樣一說，Q妹覺得十分有理，主動向男友道了歉，還「恩准」他以後每個星期都可以出去跟朋友小聚一次。

啦啦隊成員NO.3：妳男友（老公）身邊的那些朋友。

男人不是經常說「兄弟如手足，女人如衣服」嗎？好像朋友在他的心中分量更重。很多女生因此覺得男友冷落了自己，進而跟男友的朋友們爭風吃醋（連男性朋友的醋也要吃）。

聰明的女人不會採取這樣的做法，而是懂得「欲擒故縱」的道理。妳把男友牢牢拴在身邊，束縛他交朋友的自由，他會厭倦這種感情。倒不如，妳變被動爲主動，融入到他的朋友圈子裡去。

妳不妨認眞研究一下那些朋友的喜好，找一些共同的話題，贏得他們的好感。

這樣做的好處有二：一來，妳可以從他們的口中知道更多關於妳男友的事情；二來，妳爲自己爭取了同盟，跟男友吵架的時候，他們會「倒戈」到妳這邊，幫妳說話。

談戀愛是兩個人的事，但是光靠兩個人，很難把感情維繫好。婚姻也是這樣。我們通常需要第三方的介入，分享我們的喜悅，分擔我們的痛苦，幫我們排解糾紛和矛盾。

愛情啦啦隊的力量不容小覷，他們幫助妳，而妳也會成爲啦啦隊中的一員。輪番上場，大家一同唱好愛情這齣戲，最終每個人都是大贏家。

可以失戀，不可以失態

失戀是一件讓人心痛的事，但是妳不能讓一個傷口腐蝕掉全部生活。

其實，失戀有極高的再利用價值，能讓妳成長，讓妳開始一段新的生活。

因此，不要因為失戀而失態，妳要更好地生活，讓那個辜負妳的人因看到妳光彩照人而窘態百出才對。

某次閨中密友聚會，不知怎麼就說到「失戀」的話題上了。大家自爆家醜，說自己失戀之後做的最失態的事。

A君說，淋雨，害自己大病一場。

B君說，喝酒喝到爛醉，然後深夜給老媽打電話，卻惹來一頓臭罵。

C君說，踩碎了前男友遺落在她那裡的一支手錶。

D君說，悶在家裡抄寫了百科全書的「世界上古史卷」。

D君贏得冠軍。

說完之後，大家發現，我們「醜態百出」，卻默契地遵守了一個潛規則：既然已經分手，就不再跟那個衰男有半點瓜葛。我們心痛、惋惜、憤恨、委屈，不管這情感怎麼撕扯我們的心，我們也不去找那個人說半句。

爲的，是不讓他看笑話。

不要以爲分手之後做可憐狀，他就會可憐妳。他只會言不由衷地說聲對不起，然後向別人攤手做無奈狀：「看，我沒說錯吧？這女人死纏爛打。」

不要以爲分手之後主動道歉試圖挽回會奏效。女人說分手，八成是不想分手。男人一旦分手，那是百分之百要走的。妳越將他往回拉，他的反作用力越大。

不要以爲失戀之後天會塌下來，妳再也找不到男朋友，事實正相反，這一個的離開，就是爲了給下一個更好的留出位子。

我們可以失戀，但是不能失掉儀態。我們可以說再見，但是絕對不讓他再見到妳情緒低落，一蹶不振的醜態。

用D君的故事現身說法好了。

D君目前身分是珠寶鑑定師，在圈子裡小有名氣，也是讓人豔羨的事業愛情雙豐收的幸福女人。

當年，D君和男友在大學裡的戀愛談得盪氣迴腸，兩個人都喜歡研究玉石，都對文史感興趣，相約畢業後一同進軍珠寶鑑定行業。可是臨近畢業，男友忽然改變了主意，學別人做起了證券。

D君花了好多心思才查出眞相，原來自己的男朋友「賣身求榮」，背叛了三年多的感情，跟一位富家千金比翼雙飛了。

D君受的打擊不輕，爭強好勝的她覺得自己顏面盡失，再不肯出門，一直在家裡「閉門思過」。也就是在這段時間裡，她用紙筆抄寫了厚厚的一大本百科全書。後來，不知道哪個詞條啓發了她的靈感，她忽然鼓足勇氣大步向前。她考取了珠寶鑑定師資格證，還到國外幾家著名的珠寶學院遍訪名師，甚至走訪了很多玉石開採基地和玉器加工廠，從各種不同的管道學習珠寶鑑賞的知識。

經過幾年的學習和實踐，她終於成爲一名出色的珠寶鑑定師，並且收穫了志同道合的如意郎君。

據說，D君的前男友曾給她打過電話，說些對不起請求妳原諒我，最愛的還是妳之類的話。D君面如止水，聲音冷漠，對這些難辨眞假的話無動於衷。

在掛上電話的那一刻，她突然有一種「大仇已報」的快感。

在言情小說裡，女主角一定要被愛情折磨得心力交瘁才算癡情。現在看來，太過苦情，一點都不浪漫。我們要的是快樂的生活，讓我們笑的男人才是好男人。若是那個男人辜負了妳，妳就該瀟瀟灑灑離他而去，不能因爲這個男人而喪失對未來生活的判斷，更不能因爲這段感情而喪失對愛情的期待和嚮往。

有句話說得好，每一個流著眼淚的再見，都是一個嘴邊帶笑的開始。

換句話說，舊的不去，新的不來。一個男人離開妳，妳不要一再惋惜過往的歲月，而是要慶幸有了新的憧憬。

我們不要對著電視吃著爆米花，窩在沙發裡發胖，我們要運動健身保持窈窕身材去「勾引」帥哥。

我們不要聽著《太委屈》哭泣到天亮，我們要伴著《單身旅記》迎接新太陽。

當前任男友打電話問：「妳好嗎？」

我們堅定地說：「很好！」

當前任男友想與妳再續前緣，妳要驕傲地說：「我有新歡了。」

「生命，比我們預料的要頑強。」失戀之後，新戀愛開始之前，請用以自勉！

何必卑賤地黏上他

任何男人，都不值得妳丟掉自尊、忘掉自我一門心思地去愛他。這樣的話，男人只會被妳寵壞，不會對妳感恩。太輕易得到妳的愛，他就不懂得珍惜，而妳除了滿心傷痕，什麼都得不到。

閨中密友們都爲曉雪鳴不平，她對陳磊那麼好、那麼癡、那麼死纏爛打費盡心思，可以把老爸大半輩子的家業交給陳磊，用錢幫他圓一個作家的夢。

可是陳磊就是不領情，眼裡只有夏小琳。

閒聊的時候，這份糾結的愛情被友人的一句話徹底擺平了。她說：「送上門的不是買賣。」哦，原來如此簡單。買賣雙方若是有一方迫切渴望成交，必然會付出成倍代價，最後還不一定會被對方認可。

雖然愛情不是買賣，其中的博弈原則卻是相通的。

在戀愛關係中，犯賤的女人不會有好下場。這麼說實在太毒舌、太不雅。那麼就換個說法，矜持是女人的天性，過於積極主動，只會自討沒趣，自取其辱。

現在流行「敗犬女王」和「御姐」。經濟方面女人可以做到很好很強大，於是希望在感情上掌握更多主動權。於是就有很多文學作品、影視劇迎合了這一審美需要，編出各種故事來煽動「姐姐妹妹一起來」，號召大家主動出擊、追求眞愛，把那個心儀的男人抓在手裡。再不濟，也要上演一齣「奪愛大作戰」，千方百計把負心男友搶回來。故事終究是故事，現實中能夠做到這樣的，實在是少之又少。

且不談戀愛規則怎樣，就從人性角度說，男人帶著與生俱來的主動性和征服慾望，征服女人、征服其他男人，進而征服整個世界。男人喜歡扮演角鬥士，愛玩貓捉老鼠遊戲，一個讓他抓不到摸不著的女人更具有誘惑性。相反地，積極主動「送上門」的女人大大降低了他的這份興致。在女人標榜自己「勇敢」和「無私」的時候，男人卻在沮喪地說「沒難度」。他要嘛來一場不負責任的遊戲，要嘛乾脆直接拒絕。不管哪種選擇，總是讓那個愛他的女人受傷害。就像《東京愛情故事》裡的莉香，她獨立、堅強、開朗，所以愛得熾烈、主動、專制，讓完治招架不住、退避三舍，終究倒向溫柔懦弱的里美。

同樣的故事就發生在我一個好友的身上。她漂亮、能幹，工作可以獨當一面，屬於光鮮體面的都會上班族。她對男友眞的是盡心盡力，無微不至。男友說想做生意，她把自己的積蓄全部交給他。男友說要去外地，她幫他收拾行李還塞錢。她覺察到男友有新歡，還假裝大度地不去計較，暗地裡自己放聲大哭。男友宣布跟她分手，她不斷地問爲什麼爲什麼。她恨不得把心、肝、肺都掏給他，他也只是搖搖頭說對不起。

她已經把他寵壞了，還不自知。

好友醉後寫下這樣一句話：「我說我愛你，你說謝謝妳。我說我走了，你說沒關係。」她死活都弄不明白，自己什麼方法都試過了，能做的都做了，這個人怎麼就是不願意跟自己在一起呢？

原因很簡單，妳把自己放在一個很輕的位置上，男人也就不再看重妳。如果他是愛妳、在乎妳的，定會把妳當成掌上明珠，寶貝般地呵護起來。他不會讓妳擔心，不會讓妳抓狂，不會在妳百般付出之後一走了之。

反過來，如果妳對他千好萬好，總是爲他著想，像媽媽一樣關心他、看管他，他就會理所當然地接受妳這份「饋贈」，並且越來越怠慢妳、輕視妳。

在愛情方面，女人要學著收斂，學著放手。情竇初開之時，誰都有「有情飲水飽」、「只羨鴛鴦不羨仙」的感受。但是那樣的絕決只有一次，用過就完了。

難道妳受傷受得不夠嗎？

黏著他、追著他、崇拜他、臣服於他，無異於輕薄了自己，賤賣了青春。

同居、試婚要慎重

戀愛是兩個人的事，結婚是兩個家族的事，前者堡壘太小缺乏安全感，後者關係太大容易理不清。介於二者之間的，就是同居、試婚了。比戀愛更進一層，比結婚的壓力小一點，循序漸進，慢慢適應，這個做法雖然可行，但要慎重。

美國情境喜劇《六人行》（Friends）曾經風靡一時，很多年輕人都喜歡裡面的六位主角和這個延續了十年的劇集。劇中的六個活寶都有過數量不等的羅曼史，幾乎隔幾集就有人冒出一個新的男朋友或者女朋友。

讓我感興趣的是，雖然他們可以很快陷入愛河，但是對同居的態度卻很慎重。

在第六季裡，錢德和莫妮卡愛得如膠似漆，到了想要結婚的程度。可是兩人走到結婚登記處的時候又很緊張，覺得這事還應該再考慮考慮。

莫妮卡婉轉提議說：「不如你把你的東西放到我這裡。」

錢德沒有領會她的意思，還笑嘻嘻地說：「要是我把自己的東西放到妳這裡，我就得來回來去地跑，多麻煩。」

莫妮卡說：「笨蛋，我邀你過來與我住在一起。」錢德激動得跳起來。其他四位朋友得知他們做出這樣一個重大決定時，歡呼雀躍。大家都知道他們感情很好，彼此也深深吸引，可是在做出同居的決定時，還是緊張興奮得不得了。

錢德搬進來的前一夜，莫妮卡甚至跟女友大哭說：「天啊！從今以後我居然要和一個男人住在一起共同生活啦！」

同居和戀愛不一樣，不是瞬間的浪漫，而是理智思考之後做出的決定。既然住在一起，兩個人就免不了朝夕相對。這樣做固然免去了相思之苦，可是距離沒了，彼此之間的神祕感就不復存在。妳會看到那個「完美男人」在家竟然是不修邊幅、襪子亂丟、專注體育頻道、用完馬桶也不會幫妳把馬桶蓋放下來。而妳的缺點也逐漸暴露在他的眼中，他會看到妳不化妝穿著鬆鬆垮垮睡衣的樣子，他會看到妳刮腿毛、褪腋毛的醜態，他可能會在聞到妳一個臭屁之後認定妳是個噁心的婆娘，甚至開始挑剔妳不會做飯、不懂做家務、太「宅」、太懶惰。

總之，同居之前兩個人總能碰撞出愛的火花，同居之後總是碰撞出矛盾。

也許，妳們終究接納了彼此在生活中的不完美，對這些瑕疵視而不見，但是激情沒了，一切歸於平淡。也許，妳們無法忍受那些不完美，越來越吹毛求疵，終於分道揚鑣。

這樣的結果幾乎是五十%的機率，妳在決定同居之前會好好想一想嗎？

比同居更進一步的，是試婚。同居考驗妳是否能主動忍讓，試婚考驗妳能否能在虛擬的一紙婚約的束縛下繼續忍讓。有人說，看起來再完美的婚姻，也會有二百次的大吵大鬧和三百次想掐死對方的衝動。這樣的驚心動魄，在試婚中會有體會，試過之後，妳還有沒有勇氣繼續走向眞正的婚姻呢？

有些人試著試著就進入角色，結了婚。有些人試了沒多久就對婚姻產生了絕望的念頭，決定繼續單身。

這又是五十％的機率。

女人天生對數字不夠敏感，但對這個機率卻應該好好掂量一下。

在正式結婚之前考慮同居、試婚是對婚姻尊重的表現，因爲大家都希望能白頭到老。從這個角度看，這兩種做法都是理智的選擇。

可是妳有沒有想過，難道同居、試婚就沒有「責任和義務」這樣的問題存在嗎？

一個女孩子有多少年華可以「試」？如果試出的結果不符妳的心意，妳該怎樣取捨？若是兩人都滿意，固然皆大歡喜，若是兩人都不滿意，也算是好聚好散。最怕出現一個有情一個無義，「我本將心付明月，奈何明月照溝渠」的難堪局面。不幸的是，這樣不想放手的人通常是女人。

同居也好，試婚也罷，絕不是「想當然」的小事，不是爲了省房租，不是爲了免去相思之苦，而是一個審愼理智的決定。

愛到昏頭時腦子一熱就說我們住一起，這是一個很危險的信號。當妳把自己的房門鑰匙交給男友，或者接過男友遞過來的房門鑰匙時，一定要想好，自己要不要走到下一步。

男人嚇跑，純屬活該

很多男人表示不喜歡女強人，那不過是因為他們本身不夠「強」罷了。如果某男被妳的成功、名氣、財富嚇跑，那就任他去吧！

妳一定要相信，世界上總有一個自信的男人能夠承受壓力，摒棄世俗偏見的。

馮娜在二十九歲那年喜歡上一個帥哥，她自己說「真不容易」。這話的意思是，她工作太久，見了各式各樣的人，也經歷了幾段或長或短的戀情，覺得自己不大可能動心了。

就在獨身一輩子的念頭越來越堅定的時候，帥哥周林出現了。

周林跟她在同一棟樓工作，但不在同一個公司，也不在同一層。兩人總能偶然遇到，這讓馮娜多少有點宿命論，覺得這是天賜良緣。終於有一天，周林開口約她吃飯，馮娜覺得自己像中了彩券一樣激動。確切地說，中彩券也沒什麼大不了的，她自己買房，自己買車，都不是太有壓力的事。

彩券不如周林好。

周林信心滿滿地向她做了自我介紹，他跟她想像得一樣好。激情澎湃的馮娜也毫無保留地向周林介紹了自己的情況，周林卻傻眼了。他尷尬地說：「妳這麼年輕竟然有這麼高的職位，拿這麼多薪水，我……我太有壓力了。」

馮娜說這沒什麼呀，我還是我。

但周林支支吾吾地說，我怕別人說我攀高枝。馮娜實在太掃興了，飯沒吃完就絕塵而去。

其實，馮娜只是眾多被衰男「迫害」的女強人之一。很多男人自信心不強，不敢與「高」於自己的女人交往，更別提結婚這件事。這追根究底還是大男子主義心理在作祟，男人總是想找個比自己「弱」的女人，讓她崇拜自己、仰視自己，凸顯自己的偉岸和高大。這麼一來，也就使那些看起來貌似「強大」的女人有了「職場得意，情場失意」的苦惱。

在這個問題上，努力去糾正男人的思想太難了，女強人調整自己的心態相對還比較容易些。女人強一些沒什麼不好，外面再強，到家做回小女人不就行了。再說，容不得自己老婆有出息的男人，說明他肚量小、腦子不夠靈光，就活該領一個笨媳婦回家過苦日子，活在他想像中的偉大裡。而那些心胸寬廣、心態端正的男人，總是能抱得美人歸。

閨中密友小左是人氣頗高的漫畫家，她的漫畫在網上連載，點擊率居高不下。後來她又成爲某知名漫畫雜誌的簽約作者，並且出版了漫畫作品的單行本，銷量非常看好。小左的老公，只是一個最普通不過的「IT」人員，套用現在的說法，就是理工科的「宅男」。

某次，我們一群姐妹到她家小聚，就問她老公：「小左這麼出名，又能賺版稅，你會不會有壓力呀？」

小左的老公聳聳肩說：「我驕傲還來不及呢！要是她能把我家的房屋貸款都還掉，我才高興呢！」

我們驚嘆：「小左的老公實在太愛她了！」

男人能夠賺錢養家固然好，可是，既然女人有這個能力賺錢，也有想出去工作證明自己的實力，身爲男友或者老公，爲什麼不能表示自己的支持和鼓勵呢？如果愛對方，就應該多給予理解和自由。

我的表哥許小軍就是這樣一位好先生，他承認自己做生意不如老婆，心甘情願退居「二線」做家務照顧孩子，可是這並不能抹殺他「男人」的氣概。當表嫂討債不順、遇到賴帳的流氓時，他會挺身而出，幫妻子解決了難題。那位女強人的表嫂也由衷地稱讚他：「老公你眞棒！」

換個角度來看，如果一個男人本身夠強大，也無需找一個弱小的女人去當陪襯，他對自己的實力和吸引力有絕對的信心。

眞正的「高手」都希望能夠跟同等水準的「高手」在一起過招。夫妻是相濡以沫、結伴而行的一對，如果夫妻雙方差距太大，完全不在同一個頻率上，還談什麼和諧，談什麼「執子之手與子偕老」呢？

那些跟馮娜有一樣遭遇的優質女士，千萬不要被衰男打擊掉自信。他們遇到金蛋卻不知道捧在手心，只能說他們活該。

巧妙擺平他的「她」

前女友、妹妹、媽媽是男人身邊非常重要的角色。從某種程度上講，是這三個「她」成就了妳現在認識的「他」。

對待這幾個角色，妳不能羨慕妒忌恨，一定要擺正心態，從容應對，讓他被妳的魅力征服，進而走出「她們」的掌控。

在愛侶的「歸屬」問題上，女人的佔有慾是非常強的，往往容不下自己的男人身邊有其他女人——即便是他的前女友、妹妹，或媽媽。

那麼，他身邊這幾個「她」是不是會讓妳頭大？隨著妳們關係的逐步加深，他身邊的「她」一個一個跳到妳眼前混淆視聽、破壞關係，妳該如何應對？

別急，要一個一個來對付。

第一個「她」：前女友。

女人戀愛中最難跳過的一道關卡就是「前女友」。再理智的女人也會在他前女友出現時，露出疑神疑鬼的嘴臉，再聰明的女人也擔心想不出對付他前女友的高招。

她和他有過歷史，她在他心裡有個位置，這是妳改變不了的事實，總得想辦法面對。

前女友出現，大體上就是兩個情況。第一種是破鏡重圓，第二種是訴說煩惱，請求幫助。如果再想想，還有一種情況，那就是她過得實在太好，想到前男友面前「炫耀」一下，這種腦殘的女人不算太多，對妳也構不成威脅，所以暫時不考慮。

如果妳遭遇第一種情況，就要開誠佈公跟男友談一談，問問他的想法。如果他沒有回頭的打算，最好相信他，不要像福爾摩斯一樣翻看他的簡訊和聊天紀錄，那樣只會迅速把他推向她。要是他有跟前女友復合的打算，妳最好儘快放手。因爲這樣一個搖擺不定的人，在妳身邊就是一顆定時炸彈，說不準什麼時候就把妳變成「前女友」。

如果妳遭遇第二種情況，最好拿出寬容大度的態度，給予妳的男友肯定和支持。妳要鼓勵他，讓他做「好人」，但不能做「爛好人」。稍稍提醒他一下：「幫忙可以，不能幫過界，不要藉著幫忙的幌子再續前緣，否則讓你成爲我的前男友。」

男人不傻，知道哪個女人對他好。

第二個「她」：妹妹。

二十年前劉嘉玲和梁家輝主演過一部電影《皇家女將》，故事裡的梁家輝娶了能幹又漂亮的老婆，劉嘉玲飾演的妹妹對這個嫂子百般刁難，橫豎看她不順眼。當時這個「姑嫂矛盾」僅僅是劇情的小噱頭而已。後來，很多影視劇都在姑嫂矛盾上大做文章。

一個女人嫁給一個男人的話，在他妹妹看來，就是有人跟她爭搶哥哥的愛了。此事非同小可。面對難纏的小姑，最好的辦法還是「懷柔」，時不時送點小禮物，見面時多誇對方幾句。關係尚不穩定時，不要在她面前說她哥哥的壞話，而是要多說他的好話。這絕對是一筆很划算的人情投資。妳想想看，妳與那個男人相識不過幾個月，她卻從出生開始就認識他。她幾乎知道哥哥的一切，如果妳能夠跟她結成同盟，無異於爲自己找到一個「內應」，既能更好地瞭解那個男人，又能更順利地進入那個家庭。

第三個「她」：媽媽。

婆媳矛盾直到現在都是一個重要的家庭矛盾。更麻煩的是，現在的女孩子多是獨生女，在家裡被爸媽捧在手心長大，不會做家務，習慣被照顧，茶來伸手飯來張口，嫁給別人當媳婦的話，更要招來婆婆的一番挑剔。

倘若任由矛盾這樣發展下去，最倒楣的也就是老公了吧！夾板氣也好，雙面膠也罷，男人面對兩個生命中最重要的女人，卻怎麼都高興不起來。

橫向比較身邊眾多已爲人妻者的處事經驗，最好的做法是「裝乖」。

說實在的，現在的女性多半受過高等教育，誰都有自己所追求的生活方式。就算是跟自己的老公在一起，也是會有分歧，更別提婆婆了。

分歧可以存在，爭論卻不是好方法。

婆婆所謂的「干涉」，多半是想在媳婦面前樹立一個權威的形象。做媳婦的若是對著幹，肯定要激化矛盾。

反過來，妳「裝乖」，口頭上示弱一下，給婆婆一個臺階下，自己什麼損失都沒有。背地「陽奉陰違」，按照妳自己的意願去做事，她是干涉不到妳的。更妙的是，這樣能夠得到先生的「同情分」，他會情不自禁向妳這邊倒，感謝妳給他安寧的生活。

拿出職場中的智慧和婆婆「打太極」，既可讓她開心，又可以給自己換來自由，豈不是很划算。

Chapter 9

情緒同位｜美好生活源於心

人生不如意，十常八九。

女人要好命，就需要懂得調整自己的心態，不為難自己，不苛求自己，

接受不完美的自己，也接受不完美的生活。

多旅行，少「宅腐」。

學著世故，也要留守童真。

感性和理性並存的女人，一定有好運氣。

聰明女人要會「算」

人們總說女人傻一點會比較有福，可是我們偏偏不想當傻子。既然這樣，那就不要勉強自己了，乾脆做一個精打細算的「計算機」。

人生是一筆買賣，就看妳會不會算計。妳不去斤斤計較，但也不能糊裡糊塗；妳不算計別人，但要管好自己的帳本。

曾經有一位比我年長、持家有道的姐姐說：「那些日子過得幸福美滿的女人，不一定是智商一百五以上聰明絕頂的女人，但一定是懂得輕重緩急，會掂量進退取捨的會『算』女人。」

這話讓我印象極爲深刻。

古代女人不學算術，但是能把家操持得井井有條；現在的女人受了高等教育，數學學到微積分，卻不一定能夠把柴、米、油、鹽的開銷弄清楚。

爲什麼呢？因爲不會「算」。

這個「算」，不是單純的加、減、乘、除運算，而是心中的算盤。這是權衡利弊得失的能力，也是取捨之間平衡關係的分寸和尺度。

想想看，職場打拼，談婚論嫁，哪一樣不要妳算？

在職場打拼是向老闆出賣勞動力，自己創業是向顧客出賣商品和服務。想賺到錢，總是要參與到買賣關係當中去。這樣一來，「算」字就必不可少了。薪水高低要算，福利待遇要算，物價貴賤要算，算計不到自己就吃虧。妳看有些人在職場或生意場上神氣活現，倒不見得是因爲做得比別人好，而是因爲會算。會算上司的心思，會算顧客的心思，賺到口袋裡的錢就比不算的人多得多。

以前我們說「付出總有回報」，社會閱歷一豐富，妳就會發現，「付出不一定有回報」，妳想得到五分，回報可能要付出十分。這時妳還得算，如何才能讓自己事半功倍。

小敏剛剛參加工作的時候在一家外商做老闆助理。她聰明伶俐，又手腳勤快，很快受到老闆的器重，薪水上漲了不說，老闆還讓她兼任了祕書一職。

起初，小敏覺得祕書跟助理差不多，做起來才發現，分工還是有所不同，她的任務幾乎多出一倍。她算了算，自己的薪水其實並沒有得到相對的提高。

她找到老闆，清清楚楚算了一通，老闆說：「妳眞是個機靈鬼呀！」於是薪水上漲了一些。

正當小敏喜孜孜的時候，老闆又給她交代了新任務，讓她學做基礎的財務出納工作。小敏又開始苦苦鑽研財務知識，很快就能擔任出納的工作。

這時，小敏又開始打「小算盤」了。自己一個人做三個人的事，薪水不能這麼少。於是，她又去找老闆「算帳」，老闆爲了留住這個「多面手」，只好花大本錢，給她上調薪水。

小敏得意地跟朋友說：「幸好算了算，要不然就讓資本家剝削了！」

年齡一天天增長，對這個社會的規則和潛規則越看越透，終於相信，這個時代原本就沒有絕對公平競爭。

接受這一點，開始計算收起卑微無助的憐憫之心我們到底可以得到多少好處。這也是「算」的一門學科。

至於婚姻戀愛，更得算。要不要戀愛，要不要結婚，都是精挑細選、精打細算的結果。

爲什麼林妹妹不能愛上焦大或者薛蟠？因爲不符合「算」的規律。

談戀愛不是「無條件」的，「有感覺」就是一項精神層面最難滿足的條件。有些人還希望戀愛的對象有錢、有物質，那不過是「算」得更精細罷了。

有人說，愛情終究會變成親情。難道親情就不需要算了嗎？照樣需要。世界上任何一種關係都是需要花金錢和時間去維護的，區別只在多少。所以，別在「關係」這檔子事上太過於斤斤計較。

這也是會算女人的精明之處。

尤其是妳和婆家娘家的關係，更是沒法一對一、一比一地去算，總會有稍微傾斜和稍微偏袒的時候。聰明的女人，這時候就需要窮盡「算」之能事，盡量讓這個情感天平保持平衡。

幸福的女人，都是「算」出來的。家裡家外，哪裡都得算。由此可見，女人不比男人輕鬆。

接受不完美的自己

如果我們買下一個莊園，能不能要求裡面所有的房間都面向太陽呢？一定是不可能的。我們自身就是這樣一個莊園，有些房間陽光明媚，有些則顯得陰暗冷清，但這絲毫不影響妳這座莊園的大氣和美麗。

坦然接受自己的缺點，才會讓自己變的更真實、更生動。

每個月總免不了有「那幾天」，灰心失望，情緒陷入低谷。這個時候，妳通常會責怪自己：「我爲什麼這麼失敗？我怎麼就不能再努力一些？」事實上，並不是妳不優秀，而是妳在苛求自己，追求完美。其實，我們每個人都不完美，心裡總會有一些負面的情緒。有人把這些負面的情緒稱爲「心靈的陰影」，種種被公認爲「不好」的品質都在這個陰影裡，如貪婪、憤怒、懶惰、輕浮、脆弱、傲慢、自私……這些讓人討厭的特點存在於我們身上，我們通常都會極力掩飾和壓抑它們。

暢銷書作家黛比·福特（Debbie Ford）在她的《接納不完美的自己》中講述了自己「灰暗的過去」。曾經，她是個酒鬼、菸鬼、癮君子。她經常一整夜的狂歡和嗑藥，然後嘔吐、昏迷，在冰冷的廁所地板上過夜。這樣的事情發生過多少次，她自己都記不清了。

二十八歲那一年，黛比決定洗心革面，過全新的生活。她花了五年多的時間，到處求醫問藥，最後把自己改頭換面變成了另一個人。她徹底擺脫了毒癮，交上了一幫新朋友，成功扭轉了自己的價值觀念。但是，她仍舊對自己不滿意，仍舊討厭看到鏡子裡的自己。

接下來的幾年，黛比繼續嘗試各種心理治療，包括催眠、針灸、禪坐、冥想、極限運動……等等，但是這些嘗試都沒有辦法徹底消除她對自己的憎恨。「我就是個不折不扣的大爛人！」黛比恨恨地說。

某次，在一個領導力強化訓練班上，講課老師珍．史密斯問黛比：「妳在極力掩飾自己，妳怕別人看穿妳。爲什麼？」

黛比滿懷自卑地告訴她：「我爲自己是個潑婦而感到羞恥，因爲這曾給我帶來過巨大的痛苦。」

珍告訴黛比：「妳所不能控制的東西，會反過來限制妳。」

事實就是這樣，黛比擔心自己露出潑婦的一面，她要不斷地僞裝、掩飾，這東躲西藏的生活使她受到了極大的限制，讓她得不到釋放。然而，她仍然不願去「釋放」自己的這一面。

珍問黛比：「難道做一個潑婦就沒有好處嗎？假如妳掏出積攢了多年的血汗錢來購屋，結果開發商拖延工期，遲了三個月還沒有完工，這時候撒潑是不是有助於解決問題呢？假如妳對商場買來的商品不滿意，希望退貨，他們偏不給妳退，是不是也可以靠撒潑來解決？」

「對呀，在有些場合，做一個潑婦可能是最好的辦法！」

黛比終於意識到，「潑婦」的性格也有它有利的一面，至少它能保護她，讓她免受欺負。

此次「頓悟」之後，黛比覺得輕鬆無比，宛如重生，壓在心裡很多年的重負終於卸下來。她可以輕裝上陣，面對以後的生活了。從這以後，黛比的人生觀簡直得到了天翻地覆的改變。她不再花費心思去掩飾，或者改變自己的「潑婦」面，而是坦然接受它，讓它順其自然。她相信日常生活中的自己絕對是一位美麗的淑女，「潑婦」在她心底深處藏匿著，會在緊要關頭跳出來保護那位淑女。

從黛比的親身經歷中我們可以學到很多東西。我們每個人身上都有些不盡如人意的小缺點，也有很多人抱怨說：「我眞的很討厭我自己！」其實，妳「討厭」自己，不過是討厭某些具體的小缺點，比如拖拉、不愛打掃、容易生氣、見到美食就無法自制……這些其實都沒有什麼大不了的。愛拖拉，說明妳是個很隨性的人，妳沒有耽誤任何一件重要的事情，總能在規定時間內完成，妳很聰明呀！不愛打掃，沒關係，美女通常是有「屋子亂亂的才有安全感」的習慣的。容易生氣，這也不是什麼大問題，因爲讓我們生氣的事情實在太多啦！妳只要記得氣多了會傷身，別跟自己較勁，自然就不那麼生氣了。至於見到美食就無法自制，那更不是問題，說明妳是天生的美食家嘛！只要體重沒有危及健康，誰會跟美食結仇呢！

用這種辯證的眼光看待自己的缺點，缺點也就變成了優點。這時，妳看到鏡子裡的自己是不是會有小小的「自戀」呢？

心裡住個「老女孩」

女人變成熟不是扼殺自己的童真，而是更加懂得童真的可貴。當妳扮演的社會角色越來越多，妳會更加留戀那個不諳世事、天真懵懂的自己。

沒關係，在心底深處，留一個位置給自己，偶爾「返老還童」，會讓妳更有魅力。

十多年前，在一檔電視節目中看過這樣的一場ＤＩＹ秀：一位女設計師把報紙揉皺，黏上油紡布，熨燙成一件衣服，還繪上了非常漂亮的紫色魚形圖案。更驚奇的是，這件衣服不用水洗，弄髒了，只要用橡皮一擦就乾乾淨淨。

這個節目我一直忘不掉，好奇那件衣服，也好奇那個做衣服的人。

很多年後，我知道了，那位設計師叫做郭培，以「愛玩」出名。年近四十，她仍然有率真的孩子氣，眼睛裡閃爍著好奇的光芒，永遠笑盈盈的。在一次訪談中，她談到自己的愛好：「我愛玩娃娃，芭比娃娃、玩具熊、大眼妹，特別是玩具熊，如今我已經收藏了三百多隻。在懷第一個女兒待產的時候，曾經把給女兒準備的小衣服，全部在玩具熊的身上試穿一遍，現在和先生提到這件事依然興致勃勃。」

無數次的電視採訪、雜誌採訪，不管面對哪種媒體，郭培都改不了「愛玩」的本性。她說自己就喜歡「像小女生那樣剪剪縫縫，拆拆補補。」她這樣總結自己的快樂祕訣：「我是個愛生活的人，我覺得只要盡力發掘生活中的樂趣，最後一定會得到生活的獎勵。我就是這樣，一年到頭的工作，卻擁有一年到頭的快樂。」

我們說過，女人既要像姐姐、媽媽，又要像妹妹、女兒。在複雜的職場鬥爭中，我們可能要收起小女人的天性，跟男人們一爭高下、鬥智鬥勇，但是回到家裡，回到朋友身邊，我們可以盡情釋放單純的一面。

不是裝傻裝嫩，不是故作天眞，而是在心裡保有一方淨土不受侵擾，對未知的世界保有好奇，對美好的事物不吝讚嘆，清清爽爽地過生活，開開心心地交朋友。就算見識了世界上最美麗、最奢華的珠寶，心中還是有一塊透明無瑕的水晶。

一個知名的女編劇曾這樣寫道：「我是一個『老女孩』，成熟但不世故，複雜但不渾濁。該笑的時候笑，該哭的時候哭，會憤怒，也會發傻氣，永保好奇之心，永遠讚嘆，期待奇遇。」

很嫉妒她能如此精準地描述出女人的心態，又很感謝她爲所有年齡階段的女人指出了一條快樂通道。

想哭就哭，哭完就算

齊豫說，流在枕畔的眼淚是掛在心田的一面湖水。在孤獨無助的時候，這樣的一面湖水，能漂洗我們的靈魂，呵護心底的夢想。水中倒映的，是更加自信、更加快樂的妳。

某天，聽家裡的小表妹戴著iPod獨自哼唱：「愛了就算，沒有負擔，愛了就算，別為難……」

我隨口說：「蘇慧倫的歌吧？好聽！」

表妹嘴一撇說：「什麼蘇慧倫，是鄭秀文！」

我明明記得是蘇慧倫和成龍唱的嘛！Google一下，哦，以前是蘇慧倫唱的，後來鄭秀文翻唱了。難怪，好歌嘛，自然要翻唱。

這首歌寫得極好，用直述方法勾勒出人在失戀、失意時那種無人分擔、無人安慰的落寞心情，同時又喚起一種戰勝挫折，開始下一次的勇氣和激情。

「有些甜總是無人分享，有些苦要自己去嚐，有些寂寞彷彿永遠不可能忘……最愛的人常不在身旁，人生本來就是這樣，總要學著愛了就算，愛過就放……」

明明是一首表達孤獨的歌曲，偏偏用兩個人情歌對唱的方式演繹，是不是也蘊含著某種寓意呢？

這樣的搭配，明明是在安慰聽眾：縱使妳身邊沒有人傾訴和分享，還有這首歌伴著妳落淚。於是，所有的傷心不滿、委屈怨恨，隨著這首歌，都融化在眼淚裡。

女人多是愛哭的，尤以林黛玉爲代表。有些女人口口聲聲說自己不愛哭，其實是故意不哭。即便想哭也要忍住，認爲那是脆弱的表現，不願意讓別人看到自己內心的柔軟。

我覺得，身爲女人，應該好好享用哭的權利才是。不管妳哭不哭，總是改變不了社會對女人「弱者」的定義，倒不如痛痛快快哭個夠，讓情緒垃圾隨著眼淚一起傾倒出來，爲好情緒騰出地方。

爲什麼每個嬰兒都是大哭的來到這個世界？因爲來到陌生環境他不適應，不適應就很難受，難受的第一反應就是哭。所以，哭是順應我們人性的最好發洩形式。妳爲什麼要反其道而行之，放棄自己的天賦權利？

曾有人說，女人比男人長壽的原因之一，就是善於哭泣。這可不是某個詩人或者作家做出的感性判斷，而是基於一定的科學根據之上。眼淚具有排毒的功效，哭泣的同時，大量毒素被排出體外，悲傷越重，哭得越厲害，排毒效果越明顯。從這個角度看，眾多男人心目中的夢姑林妹妹「嬌花照水」的病態美，跟這淚水排毒也許相關呢！

除此之外，痛快淋漓地哭一場，還能幫人釋放壓力，緩解悲傷。悶熱的夏季午後，下一場雷陣雨能換來清爽舒適的空氣。我們的情緒也一樣，當負面能量堆積到一定程度，我們的心裡就飄著大片「積雨雲」，哭一場能讓這些負面能量釋放出來，壓抑的感覺自然會減輕。如果用數字回答的話，四十%的情感「垃圾」都會被妳丟到腦後。

想哭的時候別「苦憋」，大哭一場給自己尋個出口。生活的精彩未必只靠歡笑來體現，想哭就哭，是人生的一種瀟灑。但是要記住，我們寶貴的眼淚，只能爲同一件事、同一個人掉一次。流淚雖然好，也是有負面影響的。哭得太多會讓我們眼睛紅腫、情緒抑鬱、臉色黯淡無光，整個人呈現病態。大哭一場，把心裡的負面情緒發洩出來之後，我們就應該輕裝上陣，大步前行了。

哭不代表懦弱，而是爲了把所有的不痛快都傾倒出來，然後繼續上路。在路上妳還可以輕輕哼唱蘇慧倫的歌：「哭過就算，沒有負擔；哭過就算，別爲難……有過一次癡狂，一生難忘……」

盡力就好，不為難自己

女人要快樂，就要學習小丸子的人生哲學：做不成班長沒什麼，做小動物值日生也很好。能夠做到百分百最好的人少之又少，我們何苦為了一個難以企及的高度來折磨自己呢？

曾經有一個時期，雪蓮噩夢不斷：她夢見自己從高空摔下來，體無完膚；夢見自己進了考場準備考試，試卷發下來之後大腦卻一片空白，完全沒有一題是自己會的；她甚至夢見自己難產——當時她還是未婚女士。

這一切，都源自於對自己的要求太高，壓力太大。

當時，她正在攻讀心理學博士學位，課業繁重，趕著要發表一篇重量級的課

題論文，又要當導師的助手，翻譯英文資料、做調查問卷統計資料，更要早早做好畢業論文的準備工作。她每天早早就到資料室看書、寫文章，除了吃飯和睡覺，其餘時間都在爲學業忙碌。她總是擔心自己做得不夠好會被導師批評，又擔心自己的論文選題方向有問題。

她時常在半夜打電話跟男友哭訴：「完了完了，我可能畢不了業，拿不到博士學位怎麼辦？」其實，雪蓮在專業方面一直都是有很大潛力的，研究所畢業後她被順利保送到博士班，師從一位在學術界享有盛譽的專家。大家都覺得她的前途一片大好，只有她自己總是不滿意，認爲努力還不夠，鞭策自己做到更好。在重壓之下，她噩夢連連，後來甚至失眠，頸椎和肩關節都出現了病症，還無緣無故地吐血，醫生卻查不出任何問題。

醫生說：「妳對自己太狠啦！就算是讀博士，也不要把命搭進去！」

在醫生、朋友、老師的勸解下，雪蓮終於開始放鬆自己的神經。每天吃過晚飯，她不再急急忙忙奔向資料室，而是和男朋友在操場上散步、打球。若是導師對她的論文或者調查資料提出質疑，她不再誠惶誠恐，而是虛心接受，按照導師的指點去修正。

「一點小瑕疵不算什麼，改了就好。」她學著寬慰自己，從一個偏執狂型完美主義者的陰影中走出來。

這樣做，雪蓮的課業水準並沒有下降，反而提升了。因爲她的精神飽滿，信心更足，心態更加平和。她把自己的這些經歷跟專業論文結合起來，完成了一篇品質相當高、受到導師首肯的論文，在著名的專業期刊上發表出來。

像雪蓮這種在事業上有所追求的女性，最容易被「完美主義」這個魔咒束縛。不可否認追求完美是一項美好的品質，是創作偉大作品、修練精湛技藝的必要條件。但是我們也應該認識到，這個「完美」的實現需要內在和外在很多因素共同作用。一篇論文成功與否，不同的人會有不同的看法，雪蓮認爲自己的論文不夠完美，卻能夠得到很多前輩的認可，就說明她已經很優秀了。過於苛求自己，會把自己「逼」到一個死胡同裡，就算是天才也會發瘋的。

藝人李倩蓉在接受《悅己》雜誌採訪的時候說過：「女人想命好，就不要爲難自己。現在的女人，已經有足夠能力去過自己想要的好生活，有的條件甚至比男人還好。但是，就算什麼都做得來，也不要什麼都抓，把自己逼到極限，那不叫滿足，而是身不由己。」

我們很難想像一個苛求自己、過於嚴格要求自己的人，會用溫和的態度待人，用圓潤的方法處事。這樣眼光凌厲的人，看到的永遠都是缺點，嘴裡說的永遠是批評和不滿，是很難用快樂的心態去生活的，也很難融入到朋友圈子中去。

女人，在二十幾歲的時候可能會有各式各樣「完美女人」的夢想，但是年齡大一些後就該懂得，不可能所有事都得一百分，很多時候，綜合各方面因素，妳能夠得八十分，就已經很優秀了。

定期旅行，呼吸新鮮空氣

當遭遇瓶頸、靈感枯竭、身心疲憊之時，收拾行裝，去旅行吧！它可以歷練妳的身心，增強心力，妳會有更多的智慧去應對那些棘手的難題。

我常常慶幸，年紀很小的時候就被父母帶著到處跑，去看海、去爬山、坐火車、搭輪船。大一些了，心變得更野，跑到離家很遠的地方讀書，一去就是很多年，終於「浪子回頭」，選了個離父母比較近的城市安定下來。

如果沒有少年遠遊的經歷，就不會懂得生命的精彩和豐富。如果沒有那些出門在外的日子，就不會知道回家的可貴。還記得嗎？很多年前，魯迅先生就對「四角的天空」痛恨不已。井底之蛙，看到的只有頭頂那一點點天空，視野受到嚴重的侷限，心胸也不會很寬廣。即便是「小女子」，也要多出去旅遊，呼吸新鮮空氣，看看未知的大千世界，或征服一座高山，或橫越一片海洋，或結交若干異域朋友，這樣的經歷能讓妳更深一層認識到生命的真諦，而不會至於在物質世界裡迷失方向。

喜歡網上流傳的那個段子：「一部iPhone4，雲南玩一圈；一個愛馬仕，歐美列國也回來了。全世界你都玩遍，可能還沒花一輛跑車的錢，而那時候，你的世界觀也都變了。生活在於經歷，而不在於名牌；富裕在於感悟，而不在於奢華。晚年時可以給後代講述我們的故事，而不是擁有過的一件件過氣的名牌。」

旅行對於女人，有更多的意義。去過的地方越多，見過的人和風景越多，裝進妳心中的美好也就越多。妳的心也會因此變得越來越包容，越來越強大。在這個過程中，妳學會了「記得」與「遺忘」——記得那些壯麗與美好，遺忘那些齷齪與不堪。

旅行讓女人的生活成爲兒時的萬花筒，充滿無限未知和可能。有些女性朋友傾向於把旅行當作「單身」時做的事，一個人背著巨大的行囊無牽無掛瀟灑走四方，一旦結了婚生了子，旅行基本就很少了。其實，即便是成立了家庭，還是要定期出去走一走，這樣才可以在繁重的職場、生活雙重壓力下解放出來，到外面享受一下大自然的美麗，品味在鋼筋水泥的城市裡尋求不到的輕鬆。

也許妳會說，我和老公的日程總湊不到一起，或者我們嚮往的目的地不一樣，怎麼辦？這沒什麼，是誰規定結婚之後兩個人就一定是「連體嬰」？不過分開十天半月的時間，你們說不定還「小別勝新婚」呢！

朋友兔子結婚後照樣爲自己安排定期旅行，甚至大半旅行都不跟老公在一起。她列出以下原因：兩個人的工作安排不同步，時間難湊在一起；兩個人偏好不一樣，兔子一定瞄準有「購物街」的地方，而老公只喜歡鑽深山老林；兔子願意跟朋友結伴而行把八卦進行到底，老公則願意旅途有男伴一同聊政治和足球……總之，合拍很難，不如各自安排一條自己喜歡的路線，然後分享彼此的旅遊心得。

記得黃立行和劉若英合唱的「分開旅行」裡有這樣的歌詞：「我選擇去洛杉磯／你一個人要飛向巴黎／尊重各自的決定／維持和平的愛情／相愛是一種習題／在自由和親密中游移。」即便已經結婚了，女人保持自己的旅行習慣也不算過分，在那分別的幾天裡互相通簡訊、打電話，是不是可以重溫開始時的纏綿和浪漫呢？

理性相容感性

女人過於理性，往往讓人覺得不近人情。其實這個問題有個很好的解決方法，就是對事理性，對人感性。用嚴謹的態度去處理事情，用寬容的態度去處理人際關係。理性與感性相容，我們才能更好地平衡自己。

性感，理解起來容易「離題」，容易讓人想到紅唇、高跟鞋、黑絲襪、真絲內衣、波浪捲髮……可是，某次網路調查讓我們大跌眼鏡：男人們認爲的「性感」完全不止這些。

有人說，女人投入工作的樣子很性感；有人說，女人哺育孩子時最性感；有人說，女人跳芭蕾的時候最性感；還有人說，女人收拾心愛的絨毛娃娃時最性感。怪哉，是男人的覺悟都提高了，還是我們低估了男人對女性美的鑑賞能力？

看到這個調查之後，女友小N說，我對男人有了全新的認識。而女友小君說，也許我們從來就錯看了「性感」這個詞，容易把它與高跟娃配紅脣那種挑逗性的字眼聯繫起來。

性感，本身就是多重意思，一個感性的女人，一個活色生香的女人，一個懂得生活心中有愛的女人，就是性感的。

「女人美麗的外表是會隨著時間的推移被看煩的，只有愛心才能讓女人變得更美麗。」在一次愛心女性評選發布會上，主持人如是說。

的確，美麗的外表是會老去的，即使保養得好，時間久了也會審美疲勞。而心中有愛的女人卻禁得住歲月的打磨，永遠耐看。內心的善良和美好無論在哪裡都是發光體，當然不會被平凡的外表埋沒。心中有愛的女人會用自己的愛溫暖身邊的每一個人，她的存在只會讓人如沐春風，捨不得離她而去。

只是現代的社會中，女人們被現實和物質蒙住了雙眼，忙於在職場、生意場上跟男人一較高下，原本感性的心也變得日漸冷漠和理性。

很多時候，我們寧願讓心靈變得麻木，也不願意讓它受到傷害。不可否認，這樣可以讓我們受到的傷害越來越少，但也剝奪了我們感受愛的能力，原本可以經由愛心得到的很多快樂也就被阻擋在了門外。

現任美國國務卿希拉蕊．柯林頓也曾有過內心徬徨的時候，表面的風光無限並不能消除她內心的煩躁不安，於是她去諮詢女性心理醫生，說自己活得很累，覺得周圍的人表面上奉承自己，背後卻在算計自己。

她身邊沒有眞正的朋友，以前的朋友也都離她而去，她懷疑是不是因爲自己的成功讓朋友們感到了壓力才會這樣。

心理醫生並沒有正面作答，而是問了她三個問題：

1．妳喜歡小動物嗎？

2．妳是否經常參加慈善活動？

3．妳和朋友們聊天的內容和語氣是怎樣的？

對於前兩個問題，希拉蕊．柯林頓給出的答案是否定的，關於第三個問題，她說自己和朋友們地談話內容都是關於工作方面的，語氣也是如此。

心理醫生對她說，這就是問題的癥結所在。

她把生活和工作混爲一談，用工作中的成功經驗來指導生活。又因爲終日爲工作忙碌而沒有時間和精力去表達愛心，這讓她失去了女性應該具備的溫柔素質，身上也缺少了人情味，所以她的朋友們才會漸漸疏遠她。她現在要做的是多讓自己感動，去參加一些慈善活動，改變工作中的強硬氣質，用愛心和平和去贏得別人的信賴和喜愛。

希拉蕊·柯林頓照做之後，果然改變了很多。

大多數女孩由感性變得理性，進而變得冷漠，背後的原因其實也是這樣的，因爲職場競爭的壓力和成功經驗，讓自己在工作中變得堅強甚至強硬。

當回到生活當中時，又沒有即時調整好自己的角色和心態，以致於終日以冷硬的態度面對生活，溫柔的一面被一點點蠶食，進而變得對人冷淡，心中的愛也就不知所蹤了。

我們讓自己沒有時間表達愛，自然也就漸漸失去了愛的能力，終有一天會讓自己變得面目可憎。

美國女性心理與形象資訊中心（CMB）創辦人及總裁瑪麗·斯普蘭妮說：「女性的內在價值是從多方面體現出來的。事業僅是價值的一部分，更多的是那種關心弱者的愛心。」

讓我們從繁忙瑣碎的工作中即時跳出來，喚醒自己那顆沉睡已久的愛心，讓敏感、感性的神經稍稍復甦。

不要再刻意去掩藏自己的愛，有愛心並不是一件可恥的事情。善良的人雖然不一定會受到老天的保佑，但是一定會讓周圍的人對妳青睞有加。

當然，愛心不是標榜出來的，妳沒有必要高調地宣布妳是多麼的愛心無限，妳只要默默去做就已經足夠。對家人、朋友或者周圍的人一句溫暖問候、一份即時的幫助，甚至一個善意的微笑，都是愛心的表達。

愛心並不拘泥於形式，只要妳心存善念就能讓愛的種子散落四方，妳自己也會因此而散發出愛的芬芳。當然，還有一個更大的好處，那就是妳從中得到的快樂，因爲妳對別人的付出和愛，會讓自己得到一種被認同感，自身的價値也會得到提升，這種快樂是任何金錢都買不到的。

儘早樹立「好命」心態

妳的命好不好，老天只有百分之一的發言權，其他百分之九十九都掌控在妳自己手中。所謂事在人為，只要妳相信自己是好命女，努力朝著積極的方向去做，好運就會接踵而來。

不知道從什麼時候開始，「好命女」這個詞成了出版界的大愛，很多書都是教人如何做「好命女」。要是眞追究起來，這樣的功課應該在精子和卵子結合之前就要好好鑽研一番，以便投對胎——投胎到好人家，才算是有了「好命」嘛！

一旦在娘胎裡成了形，那就毫無選擇了，生下來是什麼命就是什麼命，改變不了的。命改不了，那就選擇「轉運」。大多數「好命」人，不是生下來就好命的，而是靠自己後天的努力改變境況，追求更好的生活。

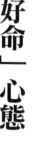

而相信自己好命，則是開始轉運的第一步。

「妳相信什麼，妳就能成爲什麼。」這種看似唯心主義的言論，有時候蘊含著巨大的能量。因爲妳的人生應該怎麼過，完全由妳自己來掌控的，妳心裡想的是什麼樣子，妳的行爲就會朝著那個方向去發展。儘管有時候這種發展妳不會發覺，它依舊在默默滋長蔓延，讓妳的生活發生了潛移默化的改變。

妳之所以成爲今天這個樣子，想想看是不是妳的潛意識在作怪？

一些女孩子長大後就找了個「差不多」的人家嫁過去，重複著母親那一代人的生活。她們偶爾也會抱怨，對象卻是自己的父母，怪他們無能，不能幫自己找更好的工作，不能幫自己挑更有錢的老公。她們覺得自己的命不好，沒生在富貴人家。她們還責怪父母沒遠見，沒讓她讀大學然後去大城市生活。

總之，她的生活就是父母造成的。

在我看來，這些女孩子的埋怨有一半是合理的。

史提夫．畢度夫在一本書裡寫過這樣一句話：「不幸的父母會在子女的頭腦裡，不斷地記錄自己的不幸。」也就是說，父母總是把自己的生活經驗傳授給子女，讓他們按照自己的方式生活。遇到苦難，他們就說：「活著就是受罪呀！」沒有機會發財，他們就說：「我們就沒有那種命。」久而久之，孩子就被灌輸了一種「甘願受苦」的思想，自然而然地照著父母的話去做，重複過著貧困拮据的生活。

但反過來想，這些孩子爲什麼不願意抗爭呢？有很多女孩透過自己不懈的抗爭和努力，走出貧困狹小的村鎮，到大城市裡打拼，過著與父母完全不同的生活。她們的努力並非漫無目的，而是早就明白了命運和人生的選擇並沒有必然的關聯，因而選擇了與父母完全不同的生活。

想與父母過著截然不同的生活嗎？那麼在尊敬愛戴他們的同時，要冷靜地評價他們的心理傾向和選擇模式。很多人把父母的窮困和不幸歸結爲「人太好」、「沒有運氣」等原因，但是，如果仔細追問父母曾經在人生的十字路口做出的選擇，就會發現他們生活困頓的緣由。如果妳是一個敏銳的人，應該早已看出父母不幸的原因，並且著手改變自己。但是，仍然有很多人沒有意識到，自己正在不知不覺中效仿著父母以往錯誤的選擇過活。

所以，如果妳想改善現在的生活，如果妳希望得到更好的生活，就需要有勇氣打破傳統觀念的束縛，別動不動就「認命」。命在妳自己手裡，妳想它怎樣，它就會變成怎樣。父母的教誨固然要尊重，但是僅僅是參考而已。

從年輕的時候妳就要相信自己是「幸運兒」、「好命女」，妳要不斷給自己增加正面的心理暗示。心理暗

示越積極，妳現在的境況就會越好；相反的，妳的心理暗示越消極，妳現在的境況就越糟糕。

妳想要成爲什麼樣的人、獲得什麼樣的成績，都取決於妳是否已經在心裡種下這樣的種子。如果妳相信自己能，妳就一定能，如果相信自己不能，那就眞的不能了。

這個世界上其實本沒有什麼「奇蹟」，也沒有絕對的「好命女」。命運發給妳一手爛牌，如果妳能用心把它打好，妳就是奇蹟的創造者。

別懷疑，妳絕對可以是好命女，即便眼前有些小坎坷、小徬徨、小糾結，都是輕飄飄一朵浮雲，是命運在考驗妳。當妳昂首挺胸，以王者姿態往前邁一步，前面的一切障礙都會被妳踩在高跟鞋下。

國家圖書館出版品預行編目資料

女人定位要趁早 / 廖唯真著.
－－第一版－－臺北市： 宇河文化出版；
紅螞蟻圖書發行，2011.12
面　公分－－(Wisdom books；3)
ISBN 978-957-659-879-1（平裝）

1.女性 2.生活指導

544.5　　100024622

Wisdom books 03

女人定位要趁早

作　　者／廖唯真
責任編輯／韓顯赫
美術構成／Chris' office
校　　對／鍾佳穎、楊安妮、賴依蓮
發 行 人／賴秀珍
榮譽總監／張錦基
總 編 輯／何南輝
出　　版／宇河文化出版有限公司
發　　行／紅螞蟻圖書有限公司
地　　址／台北市內湖區舊宗路二段121巷28號4F
網　　站／www.e-redant.com
郵撥帳號／1604621-1 紅螞蟻圖書有限公司
電　　話／(02)2795-3656（代表號）
傳　　真／(02)2795-4100
登 記 證／局版北市業字第1446號
法律顧問／許晏賓律師
印 刷 廠／卡樂彩色製版印刷有限公司
出版日期／2011年 12 月　第一版第一刷

定價 260 元　港幣 87 元

ISBN 978-957-659-879-1　　Printed in Taiwan